A INTERNET DAS COISAS

A INTERNET DAS COISAS

EDUARDO MAGRANI

FGV DIREITO RIO EDITORA

Direitos desta edição reservados à FGV EDITORA,
nos termos da licença Creative Commons aqui utilizada:
Rua Jornalista Orlando Dantas, 37
22231-010 | Rio de Janeiro, RJ | Brasil
Tels.: 0800-021-7777 | 21-3799-4427
Fax: 21-3799-4430
editora@fgv.br | pedidoseditora@fgv.br
www.fgv.br/editora

Impresso no Brasil | *Printed in Brazil*

1ª edição: 2018; 1ª reimpressão: 2019; 2ª reimpressão: 2020; 3ª reimpressão: 2023.

Preparação de originais: Sandra Frank
Diagramação: Ilustrarte Design e Produção Editorial
Revisão: Daniel Seidl de Moura | Débora de Castro Barros
Capa: Humberto Nunes/Lampejo Design

Ficha catalográfica elaborada pela
Biblioteca Mario Henrique Simonsen

Magrani, Eduardo
A internet das coisas / Eduardo Magrani. — Rio de Janeiro : FGV Editora, 2018.
192 p.

Inclui bibliografia.
ISBN: 978-85-225-2005-3.

1. Internet das coisas. 2. Tecnologia e direito. 3. Tecnologia da informação. 4. Proteção de dados. I. Fundação Getulio Vargas. II. Título.

CDD – 341.2732

Colaboradores de pesquisa

Vanessa Tourinho
Renan Medeiros

Agradecimentos

Caitlin Sampaio
Sergio Branco
Danilo Doneda
Maximiliano Martinhão
Luca Belli
Julia Costa
Luã Fergus
Helena Ferreira
Luiz Abrahão
Pedro Augusto Pereira
Bruna Castanheira

Anything that can be connected, will be connected.

J. Morgan

Sumário

Prefácio

*Danilo Doneda**

O Brasil vem trabalhando de forma criativa sua agenda regulatória em temas ligados às tecnologias da informação, ainda que se considere sua situação, de certa forma, peculiar: em que pese não ser um grande centro de inovação nas áreas de tecnologias da informação e comunicação, possui um mercado bastante relevante e uma sociedade com capacidade de elaboração crítica em face da adoção de novas tecnologias e processos sociais. Não por outro motivo, a agenda regulatória nessa área segue, no Brasil, com dinâmica e características próprias, contando mesmo com iniciativas capazes de influenciar e modelar tendências globais, como é o caso paradigmático do Marco Civil da Internet.

Para a continuidade dessa elaboração crítica, são necessárias e muito bem-vindas as reflexões sobre novas tendências e direcionamentos das tecnologias da informação, e nesse particular uma das derivações mais relevantes — se não a mais — é justamente o conjunto de fenômenos ligados à chamada *internet das coisas*.

A internet das coisas, à parte maiores rigores semânticos, é um termo que acaba evocando o aumento da comunicação entre máquinas pela internet (M2M, ou *machine-to-machine*, que recentemente ultrapassou em volume a comunicação interpessoal pela internet), o desenvolvimento de diversos utensílios (desde os prosaicos exemplos das geladeiras ou torradeiras ligadas à internet), além de microdispositivos, como sensores que, dispostos das mais diversas maneiras para captar dados a partir de seu ambiente, tornam-se partes integrantes da in-

---

* Professor doutor da Universidade do Estado do Rio de Janeiro (Uerj). Coordenador-geral na Secretaria Nacional do Consumidor (Senacon/MJ), especialista em proteção de dados pessoais e um dos responsáveis pela elaboração do anteprojeto da lei referente à área.

ternet. Todos esses e outros mais são relances de um novo perfil da internet que vem se consolidando, daí a necessidade de verificar quais os efeitos que advirão dessas mudanças. A internet, portanto, hoje é bem mais do que um meio para entregar mensagens de uma pessoa a outra ou para que uma pessoa busque informações que outra disponibilize.

O desafio lançado por esse salto tecnológico e paradigmático não é banal. Ele passa por considerar a fragmentação e a multiplicação das fontes de dados (incluindo dados pessoais), pela concessão de variados graus de autonomia a elementos dispostos pela rede e até pela crescente dificuldade de separar a internet do próprio cotidiano, visto que a internet não estará "presente" apenas em objetos que possamos reconhecer como "computadores", podendo estar mesmo em apetrechos que a princípio pareçam insuspeitos de qualquer sofisticação tecnológica.

A contribuição do livro com que nos brinda Eduardo Magrani é justamente a de trazer maior clareza e amplitude de visão ao considerar os efeitos potenciais da internet das coisas. Não é tarefa simples, mesmo por vir acompanhada de uma complexidade adicional: o fato de que, como o próprio autor menciona, a internet das coisas projeta-se sobre a internet contemporaneamente à "já bastante impactante trindade composta por *analytics*, *big data* e redes sociais". Muitos de seus efeitos simplesmente não podem ser isolados e somente se deixam notar caso considerados a profusão de outras tecnologias e seus efeitos em cadeia, e mesmo de realimentação, justificando a demanda por mais e mais dados.

Eduardo Magrani, professor e renomado pesquisador na Escola de Direito da Fundação Getulio Vargas do Rio de Janeiro, com esta obra se legitima a fornecer valorosa e indispensável contribuição ao atual debate que ocorre no Brasil. Em seu trabalho, verifica a necessidade de que as transformações que a internet das coisas pode proporcionar, para serem mais bem canalizadas ao interesse dos cidadãos e ao desenvolvimento nacional, devam se dar no âmago de um planejamento que inclui a preparação dos setores público e privado. E, nesse ponto, as mencionadas características próprias que o país apresenta em relação à sua agenda regulatória na área de TICs sugerem a necessidade de que os passos a serem dados levem em conta nossas características e nossa herança técnica e regulatória. Assim, por exemplo, ante a ausência (até o momento) de uma normativa sobre proteção de dados pessoais, o autor identifica a necessidade da contemporização e do balizamento de questões relacionadas à proteção de dados pessoais e à privacidade.

O governo federal iniciou recentemente uma discussão acerca da internet das coisas — geralmente referida sob o acrônimo IoT. Como resultado dessa discussão, um Plano Nacional para a Internet das Coisas vem sendo debatido, e é justamente nesse contexto que a obra de Eduardo Magrani se projeta como uma contribuição valiosa e necessária. Sempre é bom recordar que, ante a implementação de novas tecnologias e uma aparente distribuição de suas vantagens e efeitos, é necessário que estes sejam considerados com cautela para que possíveis distorções não acabem se aprofundando — por exemplo, aquelas referentes à perda de controle dos cidadãos sobre seus próprios dados, no plano individual, ou sobre a capacidade da indústria nacional de fazer frente às novas demandas provocadas pela internet das coisas. E é nesse sentido que o presente livro serve, ao mesmo tempo, como reflexão, como insumo e como alerta.

Apresentação
A internet das coisas a serviço das pessoas

*Maximiliano S. Martinhão**

Não consigo imaginar nenhum outro momento histórico em que as expectativas acerca do futuro tenham se entremeado tanto no tempo presente. Não vivemos uma mera sensação difusa de progresso; temos a certeza de que uma verdadeira revolução nos espera logo à frente. Uma revolução tecnológica em sua base, mas, em última instância, uma transformação radical de nossas formas de vida.

O avanço de tecnologias, em especial as digitais, irá afetar profundamente todas as estruturas econômicas e sociais. Inteligência artificial, robótica avançada, *data science*, *fintechs* e outras vertentes desse fenômeno vão deixando o *status* de promessas para se incorporar discretamente em nosso dia a dia.

Talvez a mais impactante e pervasiva dessas tecnologias digitais seja a internet das coisas, objeto de atenção prioritária de governos e da iniciativa privada pelo mundo inteiro. Com certeza, o leitor já deve ter se deparado com o exemplo batido da "geladeira do futuro", que vai detectar que o leite acabou e o incluir como item na lista de compras da semana. Bem, esqueça isso. Internet das coisas é muito mais que uma geladeira conectada. É a progressiva automatização de setores inteiros da economia e da vida social com base na comunicação máquina-máquina: logística, agricultura, transporte de pessoas, saúde, produção industrial

---

* Presidente da Telebras. Ex-secretário de Política de Informática do Ministério da Ciência, Tecnologia, Inovações e Comunicações (MCTIC). Mestre em gerência de telecomunicações pela Universidade de Strathclyde (Reino Unido). Coordenador do Comitê Gestor da Internet no Brasil (CGI.br).

e muitos outros. Para isso, é necessário um ambiente favorável ao acesso de um número cada vez maior de dispositivos.

Nas últimas décadas, bilhões de pessoas se conectaram ao mundo digital. Dados recentes da União Internacional de Telecomunicações (UIT) mostram que 95% da população global já vivem em áreas cobertas com rede celular (2G ou mais) e 84% têm acesso à banda larga móvel. Soma-se a isso o rápido crescimento das redes 4G, tecnologia já acessível para 4 bilhões de pessoas.

Contudo, há ainda um longo caminho pela frente: metade da população mundial permanece sem acesso à internet banda larga, segundo a UIT. No Brasil, a proporção se repete: 50% dos lares não têm acesso à internet, de acordo com a pesquisa TIC Domicílios (http://cetic.br/pesquisa/domicilios). Os números têm diminuído gradualmente, mas a democratização no acesso à internet é um passo necessário para alcançarmos uma rede verdadeiramente global. As dificuldades, no entanto, não turvam o horizonte promissor das tecnologias digitais.

A velocidade das transformações decorrentes do desenvolvimento da IoT é um tema em discussão, mas parece haver um acordo sobre sua enorme intensidade. Por isso acredito que o livro do professor Eduardo Magrani sobre o tema, primeiro do gênero no país, vem no momento certo.

Um requisito fundamental para o futuro da internet das coisas é que sua expansão não seja realizada em detrimento da segurança e da privacidade das pessoas.

Os recentes e massivos ataques distribuídos de negação de serviço (conhecidos pela sigla DDoS, da expressão em inglês *distributed denial of service*) popularizam uma frase que serve como epígrafe a um dos capítulos deste livro: "A internet foi projetada para resistir a uma explosão nuclear. Mas não a um ataque de torradeiras".

O fato de esses ataques tirarem do ar temporariamente um site do governo ou uma plataforma de comércio eletrônico já é motivo de forte preocupação. Mas, quando todo o trânsito, a rede elétrica, instalações de saúde e outras áreas vitais de uma sociedade estiverem conectados, essa preocupação passará para outro nível.

Há ainda o enorme desafio de garantir a privacidade dos indivíduos em uma sociedade hiperconectada. Segundo um estudo da Cisco, teremos algo em torno de 50 bilhões de dispositivos conectados no ano (não tão distante) de 2020. Eles estarão em todos os lugares, inclusive em nosso corpo — os *wearables* são dispositivos conectados, como relógios, sapatos e outras peças de vestuário. Juntos, todos esses terminais irão coletar uma quantidade assombrosa de dados pessoais.

Para trabalhar com um número mais preciso, um estudo da Telefônica estima que a capacidade global de armazenamento e processamento de dados será de 800 *exabytes* em 2020. Para fins de comparação, em 2015 era de 80 *exabytes*. A maior parte desses dados coletados e tratados será composta de dados relacionados a pessoas identificadas ou identificáveis, portanto dados pessoais.

Boa parte das empresas de aplicações da internet das coisas adota ou adotará modelos de negócio em que fração significativa dos resultados dependerá da monetização de dados pessoais, de maneira similar ao que já acontece com as aplicações da internet tradicional. São modelos de negócios legítimos, cuja sustentabilidade depende, no entanto, de um respeito claro à privacidade dos usuários.

O livro de Magrani aborda, em detalhes, todos os pontos que mencionei nesse breve prefácio e muitos outros relacionados à internet das coisas, sendo uma rica fonte de informações para quem quer estudar o tema de maneira abrangente. E tem o mérito de servir como obra introdutória ao assunto, sem deixar de ser uma leitura interessante para um especialista.

Tenho certeza de que as ideias aqui expostas entusiasmarão os leitores e contribuirão de maneira significativa para aprofundar a compreensão e o debate sobre a internet das coisas no Brasil.

Introdução

A tecnologia está mudando rapidamente a maneira como interagimos com o mundo à nossa volta. Visando atender às mais novas demandas dos consumidores, empresas estão desenvolvendo hoje produtos com interfaces tecnológicas que seriam inimagináveis há uma década.

Sistemas automatizados que acendem as luzes e aquecem o jantar ao perceber que você está retornando do trabalho para casa, pulseiras e palmilhas inteligentes que compartilham com seus amigos o quanto você andou a pé ou de bicicleta durante o dia na cidade ou sensores que avisam automaticamente aos fazendeiros quando um animal está doente ou prenhe.[1] Todos esses exemplos são manifestações consideradas tecnologias inovadoras associadas ao conceito que vem sendo construído de *internet das coisas* (*internet of things*, IoT).

---

[1] Ver informativo disponível em: <www.computersciencezone.org/wp-content/uploads/2015/04/Security-and-the-Internet-of-Things.jpg#sthash.c6u2POMr.dpuf>. Acesso em: 27 mar. 2017.

Existem fortes divergências em relação ao conceito[2-3] de IoT,[4] não havendo, portanto, um conceito único que possa ser considerado pacífico ou unânime. De maneira geral, pode ser entendido como um ambiente de objetos físicos interconectados com a internet por meio de sensores pequenos e embutidos, criando um ecossistema de computação onipresente (ubíqua), voltado para a facilitação do cotidiano das pessoas, introduzindo soluções funcionais nos processos do dia a dia. O que todas as definições de IoT têm em comum é que elas se concentram em como computadores, sensores e objetos interagem uns com os outros e processam informações/dados em um contexto de hiperconectividade.[5-6-7]

---

[2] "O que hoje é chamado de internet das coisas (*internet of things*) é um conjunto de tecnologias e protocolos associados que permitem que objetos se conectem a uma rede de comunicações e são identificados e controlados através desta conexão de rede." Ver: CAVALLI, Olga. *Internet das coisas e inovação na América Latina*. [S.l.: s.n.], 2016. Mimeogr.

[3] O pesquisador na área de tecnologia Silvio Meira define as "coisas", no sentido da internet das coisas, como dispositivos que possuem, simultaneamente, capacidades de computação, comunicação e controle. Se o dispositivo está no plano da computação e da comunicação, mas não tem sensores ou atuadores que lhe confiram a característica do controle, é (apenas) uma máquina em rede; se não possui capacidade de comunicação, é um sistema de controle digital; se não conta com capacidades computacionais, é um sistema de telemetria. As coisas, na internet das coisas, devem ter as três características ao mesmo tempo, todas inseridas no meio digital. Segundo Meira, seria inclusive possível dizer que as "coisas", nesse contexto, são *objetos digitais completos*. Ver: MEIRA, Silvio. Sinais do futuro imediato, #1: internet das coisas. *Ikewai*, Recife, dez. 2016. [Na seção de referências bibliográficas, constam, sempre que possível, os endereços eletrônicos complementares das fontes, além das datas de acesso. N.E.]

[4] É necessário salientar que a expressão *internet das coisas* se refere basicamente a objetos que contêm sensores conectados que captam e tratam informações. Tendo em vista a necessidade de despertarmos uma consciência (crítica) principalmente no público não especializado no tema, entende-se que, apesar de ser de fato menos técnica, essa nomenclatura atende melhor aos fins de capacitação para o debate do que se pautamos a abordagem nos conceitos técnicos de sensores e objetos rastreáveis.

[5] FTC STAFF REPORT. *Internet of things*: privacy & security in a connected world. [S.l.: s.n.], 2015.

[6] Ver vídeo explicativo do NIC.br sobre IoT. Disponível em: <www.youtube.com/watch?v=jlkvzcG1UMk>. Acesso em: 27 mar. 2017.

[7] Para o consórcio Poetas.IT (Políticas e Estratégias para Tecnologias, Aplicações e Serviços para a Internet de Tudo), o conceito de IoT consiste em estar "tudo inter-

O termo *hiperconectividade* foi cunhado inicialmente para descrever o estado de disponibilidade dos indivíduos para se comunicar a qualquer momento e tem desdobramentos importantes.[8] Podemos citar alguns: o estado em que as pessoas estão conectadas a todo momento (*always-on*); a possibilidade de estar prontamente acessível (*readily accessible*); a riqueza de informações; a interatividade; o armazenamento ininterrupto de dados (*always recording*).[9] O termo *hiperconectividade* está hoje atrelado às comunicações entre indivíduos (*person-to-person*, P2P), indivíduos e máquina (*human-to-machine*, H2M) e entre máquinas (*machine-to-machine*, M2M) valendo-se, para tanto, de diferentes meios de comunicação.[10-11] Há, nesse contexto, um fluxo contínuo de informações e massiva produção de dados.

Por isso, o avanço da hiperconexão depende do aumento de dispositivos que enviam e recebem essas informações. Exemplos disso são os numerosos *wearables* disponíveis no mercado e as várias opções de sensores utilizados no setor agrícola e nas indústrias.[12] Quanto maior o número de dispositivos conectados, mais dados são produzidos.[13]

---

conectado: itens do dia a dia, máquinas e objetos em geral, ligados à rede mundial de computadores e operando em coordenação e sintonia". Além disso, o conceito se relaciona com o chamado "ABC" (*analytics + big data + cloud computing*) das TICs (tecnologias da informação e comunicação). Ver: <http://poetas.it.cesar.org.br/index.php/POETAS.IT:Sobre>. Acesso em: 27 mar. 2017.

[8] QUAN-HAASE, Anabel; WELLMAN, Barry. Hyperconnected net work: computer-mediated community in a high-tech organization. In: ADLER, Paul S.; HECKSCHER, Charles (Ed.). *The firm as a collaborative community*. Nova York: Oxford University Press, 2006. p. 285.

[9] FREDETTE, John et al. The promise and peril of hyperconnectivity for organizations and societies. In: DUTTA, Soumitra; BILBAO-OSORIO, Beñat (Ed.). *The global information technology report 2012*: living in a hyperconnected world. Genebra: Insead; World Economic Forum, 2012. p. 113.

[10] BREWSTER, Tom. When machines take over: our hyperconnected world. *BBC*, 25 jan. 2014.

[11] John Fredette et al., "The promise and peril of hyperconnectivity for organizations and societies", op. cit., p. 113.

[12] TECHTARGET ANZ STAFF. What is hyperconnectivity? *Computer Weekly*, 19 fev. 2007.

[13] Não obstante, a hiperconectividade tem ainda como limitação o "mito do acesso". Em outras palavras, enquanto parte da sociedade experimenta os efeitos da hiper-

Todos os dias, "coisas" se conectam à internet com capacidade para compartilhar, processar, armazenar e analisar um volume enorme de dados entre si. Essa prática é o que une o conceito de IoT ao de *big data*. *Big data* é um termo em evolução que descreve qualquer quantidade volumosa de dados estruturados, semiestruturados ou não estruturados que têm o potencial de ser explorados para obter informações.[14]

A primeira propriedade envolvendo *big data* consiste no volume crescente de dados.[15] Pesquisa recente da Cisco[16] estima que, nos próximos anos, a medida em *gigabytes*[17] será superada e o cálculo da quantidade de dados será feito na ordem *zettabyte*[18] e até em *yottabyte*.[19]

Outra propriedade envolve a alta velocidade[20] com que os dados são produzidos, analisados e visualizados. Além disso, a variedade de formatos de dados representa um desafio adicional. Essa característica é potencializada pelos diferentes dispositivos responsáveis por coletar e produzir dados em diversos âmbitos. As informações produzidas por um mecanismo que monitora a temperatura são bem diferentes daquelas obtidas em redes sociais, por exemplo. Ademais, a maioria dos dados encontrados não é estruturada.[21]

O conceito de *big data* pode implicar, junto com o de *data science*, a capacidade de transformar dados brutos em gráficos e tabelas que permitam a compreensão do fenômeno a ser demonstrado.[22] É impor-

---

conectividade, outra parte sequer possui acesso à internet e está excluída de todo esse processo.

[14] LANE, Julia et al. (Ed.). *Privacy, big data and the public good*: frameworks for engagement. Nova York: Cambridge University Press, 2014.

[15] RIJMENAM, Mark van. Why the 3 V's are not sufficient to describe big data. *Dataflog*, ago. 2015.

[16] CISCO. The zettabyte era: trends and analysis. *Cisco*, jun. 2016.

[17] *Gigabyte* é uma unidade de medida de informação que equivale a 1 trilhão de *bytes*.

[18] *Zettabyte* é uma unidade de informação que corresponde a 1 sextilhão de *bytes* (10^{21}).

[19] *Yottabyte* é uma unidade de medida de informação que equivale a 10^{24} *bytes*.

[20] Mark van Rijmenam, "Why the 3 V's are not sufficient to describe big data", op. cit.

[21] Ibid. Ver também: MOLARO, Cristian. Do not ignore structured data in big data analytics: the important role of structured data when gleaning information from big data. *IBM Big Data & Analytics Hub*, 19 jul. 2013.

[22] Para José Carlos Cavalcanti, professor da Universidade Federal de Pernambuco (UFPE), o conceito de *big data* se aplica a informações que não podem ser processa-

tante mencionar que, em um contexto no qual decisões são tomadas cada vez mais com base em dados, é de extrema importância garantir a veracidade dessas informações.[23]

Nas palavras de Maike Wile dos Santos, "*big data* é mais que um emaranhado de dados, pois é essencialmente relacional". Apesar de isso não ser um fenômeno novo, "o que a internet fez foi dar uma nova dimensão, transformando-o". "Para bem entender essas transformações", segundo o autor, "precisamos compreender que o *big data* somos nós."[24]

Segundo Hannes Grassegger e Mikael Krogerus:

> Qualquer pessoa que não tenha passado os últimos cinco anos vivendo em outro planeta estará familiarizada com o termo *big data*. *Big data* significa, em essência, que tudo o que fazemos, tanto online como offline, deixa vestígios digitais. Cada compra que fazemos com nossos cartões, cada busca que digitamos no Google, cada movimento que fazemos quando nosso telefone celular está em nosso bolso, cada *like* é armazenado. Especialmente cada *like*. Durante muito tempo, não era inteiramente claro o uso que esses dados poderiam ter — exceto, talvez, que poderíamos encontrar anúncios de remédios para hipertensão logo após termos pesquisado no Google "reduzir a pressão arterial".[25]

---

das ou analisadas usando processos ou ferramentas tradicionais. Cavalcanti menciona como características básicas do conceito de *big data*: volume, variedade e velocidade (os chamados 3 Vs), reconhecendo também a "veracidade" como outra possível característica defendida por outros autores. Ver: CAVALCANTI, José Carlos. The new ABC of ICTs (analytics + big data + cloud computing): a complex trade off between IT and CT costs. In: MARTINS, Jorge Tiago; MOLNAR, Andreea (Org.). *Handbook of research on innovation in information retrieval, analysis and management*. Hershey: IGI Global, 2016.

[23] MCNULTY, Eileen. Understanding big data: the seven V's. *Dataconomy*, 22 maio 2014.

[24] SANTOS, Maike Wile dos. O big data somos nós: a humanidade de nossos dados. *Jota*, 16 mar. 2017.

[25] GRASSEGGER, Hannes; KROGERUS, Mikael. The data that turned the world upside down. *Motherboard*, 28 jan. 2017. [Todas as citações de obras estrangeiras são traduções livres do autor. N.E.]

A combinação entre objetos inteligentes e *big data* poderá alterar significativamente a maneira como vivemos.[26] Pesquisas estimam que, em 2020, a quantidade de objetos interconectados passará dos 25 bilhões, podendo chegar a 50 bilhões de dispositivos inteligentes.[27] As projeções para o impacto desse cenário de hiperconexão na economia são impressionantes. A estimativa de impacto econômico global corresponde a mais de US$ 11 trilhões em 2025.[28]

Devido a estimativas como essas, a IoT vem recebendo fortes investimentos do setor privado e surge como possível solução diante dos novos desafios de gestão pública, prometendo, a partir do uso de tecnologias integradas e do processamento massivo de dados, soluções mais eficazes para problemas como poluição, congestionamentos, criminalidade, eficiência produtiva, entre outros.

Além disso, a IoT poderá trazer diversos benefícios aos consumidores. Dispositivos de saúde interconectados permitirão monitoramento mais constante e eficiente e interação mais eficaz entre paciente e médico. Sistemas de automação residencial permitirão que um consumidor, antes mesmo de chegar à sua residência, possa enviar mensagem para que os próprios dispositivos realizem ações para abrir os portões, desligar alarmes, preparar o banho quente, colocar música ambiente e alterar a temperatura da casa.

Por outro lado, esses numerosos dispositivos conectados que nos acompanharão rotineiramente irão coletar, transmitir, armazenar e compartilhar uma quantidade enorme de dados, muitos deles estritamente particulares e mesmo íntimos. Com o aumento exponencial de utilização desses dispositivos que já existem ou que entrarão em breve no mercado, devemos estar atentos aos riscos que isso pode acarretar para a privacidade e a segurança dos usuários.

---

[26] FTC Staff Report, *Internet of things*, op. cit.

[27] BARKER, Colin. 25 billion connected devices by 2020 to build the internet of things. *ZDNet*, 11 nov. 2014.

[28] ROSE, Karen; ELDRIDGE, Scott; CHAPIN, Lyman. The internet of things: an overview — understanding the issues and challenges of a more connected world. *The Internet Society*, p. 1, 4, out. 2015.

Ademais, toda essa hiperconectividade e a interação contínua entre diversos aparelhos, sensores e pessoas alteraram a forma como agimos comunicativamente e tomamos decisões nas esferas pública e privada. Cada vez mais, as informações que circulam pela internet não serão mais colocadas na rede tão somente por pessoas, mas por algoritmos e plataformas que trocam dados e informações entre si, formando um espaço de conexões de rede e informações cada vez mais automatizado.

Observamos hoje a construção de novas relações que estamos estabelecendo com as máquinas e demais dispositivos interconectados, permitindo que algoritmos passem a tomar decisões e a pautar avaliações e ações que antes eram tomadas por humanos. Essa ainda é uma cultura relativamente recente e implica considerações éticas importantes, tendo em vista os impactos cada vez maiores da comunicação algorítmica na sociedade.

Levando em consideração o quão recente é esse cenário digital de hiperconectividade e de IoT baseado na relação estreita entre objetos inteligentes (sensores), *big data* e inteligência computacional,[29] ou, ainda, entre o chamado ABC[30] das tecnologias da informação e comunicação (*analytics + big data + cloud computing*),[31] ainda não temos consciência plena de seus potenciais benefícios e riscos. Devemos almejar, no entanto, o balanço adequado na regulação jurídica, de forma a não engessar a inovação, mas garantindo que o direito avance também nessa seara, buscando normas apropriadas às novas tecnologias e ao cenário de IoT. A regulação normativa deve impedir que a tecnorregulação a ela

[29] Comumente chamada de *inteligência artificial* (IA). No entanto, o conceito de IA vem sendo alvo de críticas por conduzir a problemas semânticos. Devido à indeterminação do termo, alguns teóricos optam por substituí-lo por *inteligência computacional*, entre outras nomenclaturas.

[30] José Carlos Cavalcanti, "The new ABC of ICTs (analytics + big data + cloud computing)", op. cit.

[31] "Podem ser entendidas como um conjunto de recursos tecnológicos integrados entre si, que proporcionam, por meio das funções de hardware, software e telecomunicações, a automação e comunicação dos processos de negócios, da pesquisa científica e de ensino e aprendizagem." Ver: TOTLAB. O que é TIC? *TotLab*, maio 2012.

se sobreponha, induzindo nosso comportamento de maneira intransponível e violando potencialmente diversos direitos fundamentais.

Este livro visa esclarecer aspectos básicos sobre o fenômeno da IoT, sem a pretensão de esgotar todas as discussões sobre o assunto. Para atender a esse objetivo, trataremos, no primeiro capítulo, dos conceitos de tecnologia e inovação, buscando o correto enquadramento das funcionalidades da IoT nesse contexto. Em seguida, nos debruçaremos sobre a origem e a construção do termo IoT, explicitando as características próprias da web 3.0 em contraposição às fases anteriores da web. No terceiro capítulo, analisaremos o estado da arte da IoT no Brasil no tocante ao seu potencial econômico e social, ao passo que, no capítulo final, trataremos dos aspectos negativos da IoT, tecendo reflexões críticas ao fenômeno.

1. Tecnologia, inovação e internet das coisas (IoT)

Buy it, use it, break it, fix it,
Trash it, change it, mail — upgrade it,
Charge it, point it, zoom it, press it,
Snap it, work it, quick — erase it,
Write it, cut it, paste it, save it,
Load it, check it, quit — rewrite it,
Plug it, play it, burn it, rip it,
Drag and drop it, zip — unzip it,
Lock it, fill it, call it, find it,
View it, code it, jam — unlock it,
Surf it, scroll it, pause it, click it,
Cross it, crack it, switch — update it,
Name it, read it, tune it, print it,
Scan it, send it, fax — rename it,
Touch it, bring it, pay it, watch it,
Turn it, leave it, start — format it.

Daft Punk ("Technologic")

A dupla francesa de música eletrônica Daft Punk, formada na década de 1990, tem como fio condutor em suas composições musicais tratar dos efeitos da fusão cada dia mais presente entre homem e máquina. Sua canção "Technologic", lançada em 2005, é construída a partir de diversos comandos imperativos relacionados a atividades tecnológicas.

A composição nos leva a refletir sobre como esses termos foram modificados e realocados para o contexto de tecnologia e inovação, e, ainda, sobre como esses comandos, considerando o advento relativamente recente da era digital, já estão completamente introjetados em nossa rotina e hábitos digitais diários.

As palavras *tecnologia* e *inovação* são, hoje, correntes e intimamente relacionadas aos ambientes digitais. Observamos isso ao analisar a forma e os espaços nos quais esses termos surgem tanto na imprensa quanto na linguagem usual.[32] Por exemplo, muitos jornais e revistas têm seções de tecnologia, especificamente para tratar dos assuntos relativos ao mundo digital e, especialmente, à internet, com um forte vínculo com o conceito de inovação.[33]

O uso corrente desses dois termos está voltado para as tecnologias de informação e comunicação consideradas "alta tecnologia" ou "tecnologia de ponta", espelhando as tecnologias mais avançadas atreladas à ideia de "inovação". Também está ligada a essa percepção, além dos exemplos dos computadores e da internet, a utilização de energia nuclear, nanotecnologia, biotecnologia etc.[34]

É importante, no entanto, ter em mente que o significado e a etimologia dessas duas palavras remontam a uma concepção bem mais ampla do que a forma como são tratadas hoje pela imprensa e usualmente pelas pessoas, deslocada de sua construção histórico-cultural.

Além disso, a técnica é algo anterior à tecnologia e consiste em um conjunto de conhecimentos e habilidades eficazes desenvolvidos pelo homem para melhorar sua forma de viver.[35] Com o desenvolvimento da sociedade ocidental, à dimensão prática da técnica adicionaram-se as dimensões teórica e científica. Os produtos obtidos a partir das atividades deixaram de ser a preocupação central, cedendo lugar à estrutura organizacional ligada aos fluxos de informação. Assim, surgiu a noção de tecnologia, que não é apenas o estudo de

---

[32] Ver: "5 apostas para 2017 nos principais setores da tecnologia" (*Olhar Digital*, 2 jan. 2017); "Veja como a tecnologia pode deixar a sua casa mais segura" (*Olhar Digital*, 2 jan. 2017); "Em 2016 advogados recorreram à tecnologia para espantar a crise" (*Terra Notícias*, 3 jan. 2017); "Samsung usa tecnologia para ajudar pessoas a superarem medos" (*Exame*, 2 jan. 2017).

[33] Ver, por exemplo, os seguintes sites: <www.nytimes.com/pages/technology>; <www.bbc.com/news/technology>; <www.reuters.com/news/technology>; <www1.folha.uol.com.br/tec>. Acesso em: 27 mar. 2017.

[34] Ver: <www.significados.com.br/tecnologia-2/>. Acesso em: 27 mar. 2017.

[35] AGAZZI, Evandro. El impacto epistemológico de la tecnología. *Argumentos*, [s.d.].

uma arte, mas é um estudo científico, com uma metodologia própria e uma teoria que a embasa.

A palavra *tecnologia* deriva dos vocábulos gregos *tekhné* (arte,[36] indústria, habilidade) e *logos* (argumento, discussão, razão).[37] A tec-

[36] Para José Ferrater Mora, "'arte' significa certa virtude ou habilidade para fazer ou produzir algo. Fala-se de arte mecânica e de arte liberal. Fala-se igualmente de bela arte e de belas artes (caso em que 'arte' é tomada, em sentido estético, como '*a*' Arte). Esses significados não são totalmente independentes; vincula-os entre si a ideia de fazer — e especialmente de produzir — algo de acordo com certos métodos ou certos modelos (métodos e modelos que podem, por seu turno, descobrir-se mediante arte). Essa multiplicidade e essa unicidade de significado simultâneas apareceram já na Grécia com o termo τέχνη (usualmente traduzido por 'arte') e persistiram no vocábulo latino *ars*. O termo τέχνη significou 'arte' (em particular 'arte manual'), 'indústria', 'ofício'. Dessa maneira, dizia-se de alguém que 'sabia sua arte' — seu 'ofício' — por ter uma habilidade particular e notória. [...] [P]ode-se concluir que τέχνη designava um 'modo de fazer [incluindo no fazer o pensar] algo'. Enquanto esse 'modo', ela implicava a ideia de um método ou conjunto de regras, havendo tantas artes quanto tipos de objetos ou de atividades e organizando-se tais artes de modo hierárquico, desde a arte manual ou ofício até a suprema arte intelectual do pensar para alcançar a verdade (e, de passagem, reger a sociedade segundo essa verdade). [...] A arte distingue-se dos outros quatro [ciência, saber prático, filosofia e razão] na medida em que é 'um estado de capacidade para fazer algo', sempre que implique um curso verdadeiro de raciocínio, isto é, um método. A arte trata de algo que chega a ser. A arte não trata do que é necessário ou do que não pode ser distinto de como é. Tampouco trata da ação; mas apenas da 'produção' [...] Pode-se continuar falando de arte mecânica ou manual, de arte médica, de arte arquitetônica etc. De certa maneira, além disso, o que hoje chamamos de artes (enquanto belas artes) tem um componente manual que os gregos costumavam enfatizar. [...] Na Idade Média, usou-se o termo *ars* na expressão *artes liberais* (ver Trivium, Quadrivium) num sentido equivalente a 'saber'. As artes liberais distinguiam-se das servis, que eram as artes manuais. Estas incluíam muito do que se denominou 'belas artes', como a arquitetura e a pintura. As belas artes eram principalmente uma questão de ofício, não havendo praticamente distinção entre belas artes e artesanato. A distinção entre as duas últimas acentuou-se na época moderna e culminou no Romantismo, com a exaltação da 'Arte'. Ainda hoje, muitos estetas e filósofos da arte falam dela como designando apenas as 'belas artes', excluindo o artesanato, ou considerando-o uma arte 'inferior' e subordinada. Em contrapartida, no decorrer do século XX, com as numerosas revoluções artísticas e a ruptura da rígida divisão entre as diversas belas artes, esvaneceu-se a distinção entre arte e artesanato. A rigor, tornou-se problemática a divisão entre 'arte' e 'não arte'; a chamada 'arte conceitual', entre outras, mostra isso". Ver: MORA, José Ferrater. *Dicionário de filosofia*. 2. ed. rev., aum. e atual. Josep-Maria Terricabras. São Paulo: Loyola, 2004. tomo I (A-D), p. 199-200.

[37] VERASZTO, Estéfano Vizconde et al. Tecnologia: buscando uma definição para o conceito. *Prisma.com*, n. 7, p. 60-85, 2008.

nologia, em sua etimologia, consiste, portanto, no conjunto de conhecimentos/saberes, argumentos e razões em torno de uma arte/ofício, ou de um fazer determinado.[38] De outra forma, pode ser entendida como o conjunto dos instrumentos, métodos e técnicas que permitem o aproveitamento prático do conhecimento, voltado para as necessidades humanas.[39]

Dentro desse conceito mais amplo, é possível enquadrar como avanços de técnica, que permitiram o desenvolvimento de métodos tecnológicos, por exemplo, a transformação feita pelos povos primitivos de pedras em lâminas para cortar a madeira e caçar animais.

> Os primeiros indícios de ferramentas criadas com pedra identificados na Etiópia seriam um marco, algo que data de mais de 2,5 milhões de anos. Com isso, ferramentas básicas, criadas com materiais extremamente rústicos, representam o que seria o período inicial do estudo da técnica.[40]

Com o passar do tempo, a ideia de tecnologia foi ganhando novos contornos e especificações, e envolve, atualmente, uma extensa rede de pesquisadores e projetos interdisciplinares. Este capítulo não pretende esgotar as discussões que cercam o conceito, mas demonstrar os aspectos principais a ele ligados. Tendo isso em vista, destacamos que a noção de tecnologia é ampla e pode ser tratada por diferentes pers-

---

[38] "A distinção entre técnica e arte é escassa quando o que hoje chamamos 'técnica' está pouco desenvolvida. Os gregos usavam o termo τέχνη (frequentemente traduzido por *ars*, 'arte', e que é raiz etimológica de 'técnica'), para designar uma habilidade mediante a qual se faz algo (geralmente, transforma-se uma realidade natural em uma realidade 'artificial'). A *techné* não é, contudo, uma habilidade qualquer, porque segue certas regras. Por isso *techné* significa também 'ofício'. Em geral, *techné* é toda série de regras por meio das quais se consegue algo" (José Ferrater Mora, *Dicionário de filosofia*, op. cit., p. 2820).

[39] Nessa linha, ver: CONCEITO de tecnologia. *Conceito.de*, ago. 2015.

[40] KARASINSKI, Lucas. O que é tecnologia? *Tecmundo*, 29 jul. 2013.

pectivas. Nesse sentido, há, por exemplo, estudos sobre a tecnologia da informação[41] e sobre a tecnologia genética e segurança alimentar.[42]

O termo *tecnologia* passou a ter grande importância durante e após o período iluminista, bem como no bojo da Revolução Industrial, sendo construído ao longo dos séculos XVIII a XX.[43] Aprofunda-se, então, sua conotação mercadológica e de aplicabilidade industrial, relacionada à capacidade de satisfazer as necessidades humanas por meio de inovações tecnológicas. Nessa época, o desenvolvimento tecnológico esteve ligado à evolução técnica em diversas áreas, como geração de energia, transportes, comunicações, engenharias mecânica e química e agricultura.[44]

A palavra *inovação*, por sua vez, tem origem latina e deriva do termo *innovatio*, que remete a algo novo, recente. De acordo com o dicionário *Michaelis*, significa: "1. Ato ou efeito de inovar. 2. Tudo que é novidade; coisa nova; 3. Introdução de palavra, elemento ou construção nova em uma língua inexistente ou na língua-mãe".[45]

No entanto, explicitar simplesmente o significado de *inovação* não aparenta ser suficiente para denotar uma de suas principais características: o impacto econômico do termo. Existe um amplo debate na economia sobre o papel da inovação no processo capitalista. Joseph Schumpeter foi um dos primeiros autores a elevar a inovação a um patamar essencial para a dinamicidade do sistema econômico. Para ele, "uma inovação, no sentido econômico, somente é completa quando há uma transação comercial envolvendo uma invenção e assim gerando riqueza".[46]

---

[41] PINOCHET, Luis Herman Contreras. *Tecnologia da informação e comunicação*. Rio de Janeiro: Elsevier, 2014.

[42] NORER, Roland (Ed.). *Genetic technology and food safety*. Nova York: Springer, 2016.

[43] BUCHANAN, Robert Angus. History of technology. *Encyclopædia Britannica*, 27 fev. 2017.

[44] Ibid.

[45] Ver: <http://michaelis.uol.com.br/moderno-portugues/busca/portugues-brasileiro/inovação>. Acesso em: 27 mar. 2017.

[46] SCHUMPETER, J. A. *A teoria do desenvolvimento econômico*. Apud SANTOS, Adriana B. A. dos; FAZION, Cíntia B.; MEROE, Giuliano P. S. de. Inovação: um estudo sobre a

Os neoschumpeterianos[47] aprofundaram o papel que a inovação exerce sobre o sistema econômico e problematizaram sua relação com o conceito de tecnologia. Autores como Christopher Freeman dividiram a inovação em quatro processos diferenciados: incremental, radical, mudanças do sistema tecnológico e mudanças no paradigma técnico-econômico. Para Freeman, uma inovação não necessariamente deve ser tecnológica. Qualquer processo que culmine na criação de um produto ou na oferta de um serviço, ou mesmo a forma como um produto ou serviço é oferecido, é considerado uma inovação.[48]

Tal posição, no entanto, não é pacífica, tendo em vista que o próprio Schumpeter observava a inovação a partir de um ponto de vista estritamente tecnológico. Alguns neoschumpeterianos corroboram a posição de Schumpeter, a exemplo de Matesco, que acredita que a inovação tecnológica é um elemento essencial para averiguar o desenvolvimento de um país.[49]

Além disso, a partir da década de 1980, devido à globalização da economia e à flexibilização dos formatos organizacionais que envolvem empresas, agências estatais e centros de pesquisa, surgiu um novo foco de análise. A formação e o desenvolvimento de redes passaram a ser tema central das pesquisas acerca de inovação.[50] Thales de Andrade, professor da Faculdade de Ciências Sociais da PUC de Campinas, escreve:

> Nesse contexto, em que a estrutura organizacional assentada nos fluxos de informação passa a ser mais essencial que os próprios produtos

---

evolução do conceito de Schumpeter. *Caderno de Administração:* revista da Faculdade de Administração da FEA PUC-SP, São Paulo, v. 5, n. 1, p. 2, 2011.

[47] Por exemplo, Christopher Freeman, Carlota Perez, Richard Nelson, Sidney Winter, Giovani Dosi e Jan Fagerberg.

[48] FREEMAN, Christopher. *Technology, policy, and economic performance:* lessons from Japan. Apud Adriana B. A. dos Santos, Cíntia B. Fazion e Giuliano P. S. de Meroe, "Inovação", op. cit.

[49] MATESCO, V. R. *Inovação tecnológica das empresas brasileiras:* a diferenciação competitiva e a motivação para inovar. Apud Adriana B. A. dos Santos, Cíntia B. Fazion e Giuliano P. S. de Meroe, "Inovação", op. cit., p. 12.

[50] ANDRADE, Thales de. Inovação tecnológica e meio ambiente: a construção de novos enfoques. *Ambiente & Sociedade*, v. VII, n. 1, p. 91, jan./jun. 2004.

desenvolvidos a partir das atividades tecnológicas, estabelece-se um novo conceito, o de sistemas nacionais de inovação. As interações entre os agentes econômicos, as instituições de pesquisa e organismos governamentais estipulam ações recíprocas que geram a capacidade de desenvolvimento de condições de inovação. Políticas locais e setorizadas passam a ser imprescindíveis para a compreensão do potencial inovativo de uma nação e região, independentemente da atividade específica de cada setor e das oscilações da demanda (Cassiolato e Lastres, 2000).

A interação das firmas com e no sistema passa a adquirir significado estratégico. Essas capacidades, que anteriormente eram consideradas como que mais puramente administrativas ou gerenciais, são consideradas, no período atual, como parâmetros de inovação (Lemos, 2000; Trigueiro, 2002).[51]

Outra visão sobre a inovação é a perspectiva construtivista da sociologia das técnicas, pela qual os fatores econômicos não determinariam o rumo da inovação, mas apenas o acompanhariam. De acordo com esse entendimento, a escolha de tecnologias seria devida antes à compatibilização entre crenças e interesses de diversos grupos e setores estratégicos da atividade tecnológica do que a critérios puramente econômicos.[52] O contexto social adquire relevância no desenvolvimento do processo inovador. Autores como Michel Callon[53] e Bruno Latour,[54] apesar de algumas diferenças de entendimento, foram funda-

[51] Ibid., p. 91-92.

[52] Ibid., p. 92-93.

[53] CALLON, Michel. Society in the making: the study of technology as a tool for sociological analysis. In: BIJKER, Wiebe E.; HUGHES, Thomas P; PINCH, Trevor F. (Ed.). *The social construction of technological systems*: new directions in the sociology and history of technology. Cambridge, MA: The MIT Press, 1989. p. 83-103.

[54] LATOUR, Bruno. *Ciência em ação*: como seguir cientistas e engenheiros sociedade afora. Trad. Ivone C. Benedetti. São Paulo: Ed. Unesp, 2000. Para o autor, o processo de produção da ciência envolve uma rede de elementos humanos, como cientistas, engenheiros e cidadão comum, e não humanos, como laboratórios e máquinas, que podem ser observados em contínua interação. Ver também: LATOUR, Bruno; WOOLGAR, Steve. *Laboratory life*: the construction of scientific facts. Princeton: Princeton

mentais para a elaboração dessa teoria, da qual podemos destacar três princípios: (1) deve-se evitar dar atenção ao inventor de forma isolada; (2) é preciso criticar manifestações de determinismo tecnológico; (3) é necessário combater a dicotomia tecnologia-sociedade, tratando os aspectos técnicos, sociais, econômicos e políticos do processo de inovação de modo integrado.[55-56]

Todavia, é importante ressaltar que, independentemente da posição econômica a ser adotada, o termo *tecnologia* não deve denotar *per se* uma inovação limitada ao meio digital. O dicionário *Michaelis* assim conceitua *tecnologia*:

> Conjunto de processos, métodos, técnicas e ferramentas relativos a arte, indústria, educação etc. 2. Conhecimento técnico e científico e suas aplicações a um campo particular. 3. Tudo o que é novo em matéria de conhecimento técnico e científico. 4. Linguagem peculiar a um ramo determinado do conhecimento, teórico ou prático. 5. Aplicação dos conhecimentos científicos à produção em geral.[57]

Portanto, dentro do significado denotativo do termo, qualquer uso da técnica ou do conhecimento para facilitar e aprimorar o trabalho com a arte, a indústria e outros instrumentos pode ser considerado uma nova tecnologia.

A definição de *tecnologia* não explicita por que tendemos, atualmente, a associar a tecnologia com uma inovação no meio digital. Nesse sentido, cabe ressaltar o efeito da variação linguística, que consiste

---

University Press, 1986; FERREIRA, Rubens da Silva. Ciência e tecnologia no olhar de Bruno Latour. *Inf. Inf.*, Londrina, v. 18, n. 3, p. 275-281, set./dez. 2013.

[55] BENAKOUCHE, Tamara. Tecnologia é sociedade: contra a noção de impacto tecnológico. *Cadernos de Pesquisa*, UFSC, n. 17, p. 3, set. 1999.

[56] Sobre o tema, ver ainda: TRIGUEIRO, Michelangelo Giotto Santoro. O que foi feito de Kuhn? O construtivismo na sociologia da ciência: considerações sobre a prática das novas biotecnologias. In: SOBRAL, Fernanda et al. (Org.). *A alavanca de Arquimedes*: ciência e tecnologia na virada do século. Brasília: Paralelo 15, 1997.

[57] Ver: <http://michaelis.uol.com.br/moderno-portugues/busca/portugues-brasileiro/tecnologia/>. Acesso em: 27 mar. 2017.

na adaptação do significado de um termo a depender de fatores históricos, culturais ou regionais.

Eric Schatzberg demonstra como, no início do século XIX, a palavra *Technik* na língua inglesa era associada a um ramo de estudo ligado às chamadas *practical arts*, e não a processos industriais.[58] Isso ocorria porque até esse século a arte era vista como uma parte do espectro do conhecimento, o qual também englobava a ciência.[59]

O afastamento do termo *technology* em relação à arte ocorreu, de acordo com Schatzberg, por dois fatores principais: (1) o surgimento do conceito de *fine arts*,[60] que não remetia aos trabalhos mais práticos realizado por artesãos, e (2) a Revolução Industrial do século XIX,[61] que necessitava legitimar-se diante da nova ordem social e econômica que estava a surgir. Nesse sentido, um afastamento das *mechanical arts* em relação ao trabalho realizado por artesãos foi essencial para aproximar o termo das *applied sciences*, tendo em vista que o conceito do primeiro grupo era incapaz de explicar a realidade que surgia com a Revolução Industrial.

Ao fim do século XIX, por influência dos cientistas sociais alemães, autores como Thorstein Veblen começaram a associar o termo à indústria e à engenharia modernas.[62] Segundo Schatzberg, "os agentes de classe média do industrialismo, incluindo os homens da ciência, usaram a retórica da ciência aplicada para se apropriar do conhecimento artesanal ou ao menos subordiná-lo".[63]

Na mesma época, até o significado de *ciência* foi alterado. Antes de 1900, a ciência não se referia a métodos de laboratório ou à busca

---

[58] SCHATZBERG, Eric. Technik comes to America: changing meanings of technology before 1930. *Technology and Culture*, v. 47, n. 3, p. 486-512, jul. 2006.

[59] SCHATZBERG, Eric. From art to applied science. *Isis*, v. 103, n. 3, p. 555-563, 2012.

[60] *Fine arts* seria todo tipo de trabalho artístico fruto da imaginação e da inovação, como a pintura e a poesia; no entanto, o conceito não englobava o trabalho realizado por artesãos.

[61] Eric Schatzberg, "From art to applied science", op. cit.

[62] MARX, Leo. Technology: the emergence of a hazardous concept. *Technology and Culture*, v. 51, n. 3, p. 561-577, jul. 2010.

[63] Ibid.

de leis gerais, e sim a algo mais amplo, uma espécie de conhecimento sistemático ou pensamento rigoroso, que poderia incluir a maioria das ciências sociais e mesmo a teologia.

No final do século XIX, a crescente profissionalização das disciplinas acadêmicas e o prestígio da tecnologia incentivaram os cientistas naturais a reivindicar o monopólio da ciência. Esse conceito amplo de ciência do século XIX deslocou o conhecimento artesanal, transferindo a valorização dos artesãos para os proprietários de fábricas, inventores e engenheiros.

Antes da primeira década do século XX, *tecnologia* era um vocábulo obscuro quase universalmente definido como a "ciência das artes", com "ciência" aqui entendida primeiramente como um sistema de classificação. Porém, a conexão com a ciência aplicada, segundo Schatzberg, estava lá desde o início. A tecnologia era uma ciência que dizia respeito às artes úteis. Os engenheiros americanos, em particular, basearam sua reivindicação de *status* social no conceito de ciência aplicada como um corpo de conhecimento autônomo, enquanto os cientistas poderiam usar a definição de ciência aplicada como o emprego da ciência pura para reivindicar o crédito pelas maravilhas modernas da idade industrial.[64]

Tendo em vista a conexão feita entre tecnologia e ciência, é interessante observar no que esta consiste, sobretudo em razão da multiplicidade de significados conferidos à palavra. Eis o que leciona José Ferrater Mora:

> O substantivo *scientia* procede do verbo *scire*, que significa "saber". Entretanto, não é recomendável ater-se a essa equivalência, pois há saberes que não pertencem à ciência: por exemplo, o saber que às vezes se qualifica de comum, ordinário ou vulgar. Sabem-se, com efeito, muitas coisas que ninguém ousaria apresentar como se fossem enunciados científicos. [...] Parece necessário, portanto, definir que tipo de saber é o científico. Várias respostas nos ocorrem. Por exemplo: que é

[64] Eric Schatzberg, "From art to applied science", op. cit.

> um saber culto ou desinteressado, que é um saber teórico, suscetível de aplicação prática e técnica, que é um saber rigoroso e metódico etc. Todas essas respostas nos proporcionam alguma informação sobre o tipo especial do saber científico, mas não são suficientes; têm, além disso, um inconveniente, em nosso caso importante: não permitem distinguir a ciência e a filosofia. [...] É comum considerar a ciência como um modo de conhecimento que visa formular, mediante linguagens rigorosas e apropriadas — na medida do possível, com o auxílio da linguagem matemática —, leis por meio das quais são regidos os fenômenos.[65]

Nesse sentido, a ciência se distingue da filosofia, pois, entre outras diferenças, enquanto o objetivo daquela é ser um modo de conhecer referente ao ser e que nos dá informações detalhadas sobre a sociedade, esta é um modo de viver ligado ao dever ser e que constrói e descontrói elaborações sobre sistemas.[66]

Veblen foi um dos primeiros sociólogos a dar um novo significado à palavra *tecnologia*. Seu principal argumento era que o conhecimento tecnológico não é restrito apenas a algumas comunidades humanas, estando presente, inclusive, nos grupos considerados mais primitivos. Esse tipo de conhecimento constituía, para o autor, o *immaterial*

---

[65] José Ferrater Mora, *Dicionário de filosofia*, op. cit., p. 457.

[66] Confiram-se as distinções entre ciência e filosofia apontadas por José Ferrater Mora: "1) *a*1) A ciência progride e nos informa, de modo cada vez mais completo e detalhado, sobre a realidade, enquanto a filosofia não progride, porque é um incessante tecer e destecer de sistemas. *b*1) A ciência é um modo de conhecer, enquanto a filosofia é um modo de viver. *c*1) A ciência refere-se ao ser; a filosofia, ao dever ser ou, em geral, ao valor. *d*1) A ciência é conhecimento rigoroso; a filosofia, concepção do mundo exprimível igualmente mediante a religião ou a arte. Por isso, a ciência está de um lado, enquanto a filosofia (com a religião e a arte) está de outro (às vezes considerado oposto). [...] *f*1) A ciência opera mediante observação, experimentação, inferência e dedução, enquanto a filosofia opera mediante intuição. Como consequência disso, a ciência refere-se somente ao fenomênico, enquanto a filosofia atinge o numênico etc. [...] 3) *a*3) A relação entre a filosofia e a ciência é de tipo histórico: a filosofia foi e continuará sendo a mãe das ciências, por ser a disciplina que se ocupa da formação de problemas, depois tomados pela ciência para ser solucionados" (*Dicionário de filosofia*, op. cit., p. 457).

equipment of production, uma espécie de oposto ao equipamento material da indústria, como ferramentas e máquinas. Nas comunidades humanas, o conhecimento tecnológico seria produzido coletivamente. Contudo, à medida que os insumos foram se tornando escassos, os indivíduos capazes de tê-los os utilizaram como um meio de controle desse conhecimento tecnológico coletivo, criando, assim, as bases de um domínio pecuniário voltado para o conhecimento tecnológico.[67] Veblen adotou essa tese como um ponto central de sua crítica ao capitalismo moderno.[68]

Durante a década de 1920, poucos acadêmicos corroboraram o significado atribuído por Veblen ao termo *tecnologia*. No entanto, eles também passaram a se influenciar pela matriz social alemã. Tal fato pode ser percebido porque foram conferidos a *technology* significados equivalentes a *Technik* ou *industrial arts* durante esse período.

Nos anos 1930, a aproximação da palavra *tecnologia* com sua equivalente alemã, *Technik*, continuou. Contudo, o significado atribuído durante o século XIX, *science of the arts*, não se perdeu de imediato. Nessa época, *tecnologia* passou a significar um híbrido entre *science of the arts* e *applied science*. Essa confusão polissêmica auxiliou na disseminação da ideia, capitaneada por Charles Beard, de que as mudanças tecnológicas, necessariamente, estão atreladas a descobertas científicas.[69] Para Eric Schatzberg, essa associação teve um impacto relevante:

> Desde os primeiros anos da República Americana, oradores, editorialistas e intelectuais abraçaram as maravilhas tecnológicas de seu tempo como manifestações visíveis do progresso. Como historiador americano, Beard conhecia intimamente essa retórica. A novidade de Beard residia em vincular explicitamente o termo *tecnologia* à ideia de progresso de uma maneira que tornou a própria tecnologia a força motriz da história.[70]

---

[67] Ibid.
[68] Leo Marx, "Technology", op. cit.
[69] Eric Schatzberg, "From art to applied science", op. cit.
[70] Ibid.

Ronald Kline, por sua vez, argumenta que foram associados diversos significados ao termo *applied sciences* ao longo do tempo (especificamente entre 1880 e 1945), desde ideias ligadas ao conceito de *useful arts* até questões relacionadas à engenharia e ao conhecimento técnico. Segundo o autor, tais significados seriam o que chamamos hoje de *science and technology*.[71]

É necessário esclarecer que não há uma diferença significativa entre os termos *useful arts e practical arts*, tendo em vista que ambos remetem ao trabalho manual realizado por artesãos. No entanto, ainda que tais expressões fossem consideradas sinônimos de *technology* no século XIX, o mesmo não pode ser dito em relação ao significado desse termo a partir do século XX. Esse é o ponto ressaltado por alguns historiadores da tecnologia[72] que indicam que a diferença entre esses dois conceitos passou a existir tanto em nível material quanto em nível linguístico.[73]

Para Leo Marx, a palavra *tecnologia* preencheu um vácuo semântico caracterizado por uma série de circunstâncias sociais para as quais não havia um conceito adequado.[74] As ideias de *useful arts* e de *mechanical arts* passaram a ser tidas como algo pejorativo e inferior em face das *high* ou *fine arts*. Essas noções não eram mais suficientes pela ótica ideológica nem pela ótica substantiva devido à relação que se fez entre

---

[71] KLINE, Ronald. Construing "technology" as "applied science": public rhetoric of scientists and engineers in the United States, 1880-1945. *Isis*, v. 86, n. 2, p. 194-221, jun. 1995.

[72] OLDENZIEL, Ruth. Introduction: signifying semantics for a history of technology. *Technology and Culture*, v. 47, n. 3, p. 477-485, jul. 2006. LERMAN, Nina E. The uses of useful knowledge: science, technology, and social boundaries in an industrializing city. *Osiris*, v. 12, p. 39-59, 1997.

[73] Na perspectiva material, a alteração de significado da palavra *technology* se deu em razão da primeira revolução industrial. Com o advento das máquinas a vapor, a produção passou a ser em massa, padronizada e célere, o que tornou o trabalho realizado por artesãos na produção de manufaturas facilmente substituível. A evolução linguística ocorreu não só pelo uso do conceito de *fine arts* ainda no século XVIII, como também pelo uso da palavra alemã *Technik*, que se aproximava das ações realizadas no campo científico e industrial.

[74] Leo Marx, "Technology", op. cit.

inovação na ciência, *mechanical arts* e crença no progresso. *Tecnologia*, por sua vez, vai além de um simples meio para atingir o progresso. Nas palavras do autor:

> O que faltava, do ponto de vista ideológico, era o conceito de uma forma de poder — de progresso — que excedia, em grau, escopo e escala, a capacidade relativamente limitada das artes meramente úteis (ou mecânicas ou práticas) para gerar mudanças sociais. O que era necessário era um conceito que não significava apenas, como as artes úteis, um meio de alcançar o progresso, mas sim um que significava uma entidade discreta que, em si mesma, estabelecia um progresso virtualmente constituído. Além disso, a ideia de utilidade havia trazido o selo da vulgaridade. Desde a Antiguidade, as artes úteis em suas várias formas foram consideradas intelectual e socialmente inferiores às *high arts* (ou *fine*, criativas ou imaginativas). O conceito de artes úteis e suas variantes implicou — apenas porque ele explicitamente designou um ramo subordinado da entidade abrangente, as artes — uma categoria limitada e limitativa. Na verdade, a distinção entre as artes úteis e as artes plásticas tinha servido para ratificar um conjunto de distinções invioláveis entre coisas e ideias, o físico e o mental, o mundano e o ideal, o corpo e a alma, o feminino e o masculino, fazer e pensar, o trabalho de homens escravizados e o de homens livres. Ao associar a ferrovia com ciência, negócios e riqueza, Webster e seus contemporâneos criaram a necessidade de um termo que apague esse legado depreciativo e situaram o útil em um plano intelectual e social mais elevado.
>
> Todos esses propósitos ideológicos foram atendidos pelo relativamente abstrato, indeterminado, neutro e sintético termo *tecnologia*. Enquanto as artes mecânicas chamavam a atenção para os homens com mãos sujas trabalhando, a tecnologia evoca imagens de técnicos masculinos [...] limpos e bem-educados em cabines de controle olhando para controladores, painéis de instrumentos ou monitores de computador. E tendo em vista que as artes mecâni-

> cas eram consideradas pertencentes à esfera mundana do trabalho cotidiano, fisicalidade e praticidade — de artesanatos e habilidades artesanais —, a tecnologia é identificada com o domínio social e intelectual mais elevado da universidade. Essa palavra abstrata, com seu vazio vívido, a falta de um referente específico artefactual, tangível e sensível, sua aura de sanitização, cerebração e precisão sem sangue, ajudou a facilitar a introdução das artes práticas — especialmente a nova profissão de engenharia — no recinto da aprendizagem superior.[75]

A utilização do termo começou a ser feita no século XIX, quando se referia a um tipo de manual e também a *mechanical arts* pela ótica coletiva. Contudo, foi apenas no século XX, sobretudo após a Primeira Guerra Mundial, que o vocábulo *tecnologia*, que é vago, intangível e, de certa forma, indeterminado, teve seu uso expandido. Ele não se refere apenas a coisas específicas ou tangíveis, como uma ferramenta ou uma máquina, e vai ao encontro do amálgama que surgiu à época entre ciência e indústria. O componente material torna-se apenas mais um dos elementos constitutivos da tecnologia.

Pela multiplicidade de associações que foram feitas à palavra *tecnologia* ao longo dos séculos XIX e XX, o campo de estudo da história da tecnologia tornou-se grande e diversificado. John M. Staudenmaier argumenta que existem nove áreas centrais de análise relacionadas à história da tecnologia e quatro assuntos principais nesses campos. Um dos tópicos mais comuns seria o que trata da *technological creativity*.[76]

> Entre as décadas de 1950 e 1970, existia um ponto em comum nos estudos sobre esse tema, que identificavam três tipos de atividade criativa diferentes no surgimento das novas tecnologias. A primeira seria

[75] Ibid., p. 977-978.

[76] STAUDENMAIER, John M. Recent trends in the history of technology. *The American Historical Review*, v. 95, n. 3, p. 715-725, jun. 1990.

> a invenção, a qual teria como foco a solução de problemas técnicos. A segunda seria o desenvolvimento, que se consubstancia na criação de protótipos funcionais por meio de testes em ambientes controlados. Por fim, haveria a inovação, que seria representada pela junção do marketing e do processo de fabricação do produto nas indústrias, ambos voltados para a criação de tecnologias capazes de serem utilizadas cotidianamente pelas pessoas.[77]

O conceito de novidade e aplicação industrial e a atividade inventiva são até hoje pré-requisitos para o enquadramento de uma criação intelectual como invenção.[78] Somente as criações que cumprirem esses pré-requisitos poderão ser atestadas como invenções pelo Instituto Nacional da Propriedade Industrial (INPI), órgão responsável, no Brasil, por registrar os pedidos envolvendo criações industriais (além de software) e emitir a carta-patente que concede, a título constitutivo (e não declaratório), o monopólio de exploração temporário sobre a criação intelectual.

De acordo com um estudo do Massachusetts Institute of Technology (MIT), as invenções, como ícones da produção de novas tecnologias, podem ser caracterizadas de duas formas: (1) microinvenções ou invenções disruptivas que modificam a sociedade de forma significativa e (2) microinvenções, relacionadas ao processo de aprimoramento e modificações de produtos, os quais, com o tempo, podem ampliar a área de atuação do produto inicial.[79] Esse processo, no entanto, tem de ser capaz de criar algo útil e que não seja previamente conhecido.

Segundo o economista Nathan Rosenberg, de Stanford, quanto a boa parte das inovações tecnológicas disruptivas, no momento em que foram criadas, não se tinha uma visão clara de qual seria sua área de

---

[77] Ibid., p. 717.

[78] Lei nº 9.279/1996 (Lei de Propriedade Industrial), art. 8º.

[79] THE LEMELSON-MIT PROGRAM. *Historical perspectives on inventions & creativity.* Workshop realizado pela Escola de Engenharia do Massachusetts Institute of Technology (MIT), 2003.

aplicação ou potencial de utilidade. Para Rosenberg, "muitas vezes, as invenções têm aplicações poderosas em contextos totalmente imprevistos ou em diferentes setores da economia, e o processo de mapeamento de invenções para aplicações em diferentes domínios envolve [...] 'fluxos intersetoriais'".[80]

Essa atuação não esperada das invenções cria um cenário em que, a depender do contexto histórico, a aplicação de determinada inovação tem outro significado. Um exemplo citado pelo autor é o *laser*. Rosenberg argumenta que, em 1950, quando o *laser* foi criado, ele teria sido empregado somente em pesquisas científicas. Com o tempo, passou a ser utilizado em um amplo rol de áreas acadêmicas, em procedimentos médico-cirúrgicos, bem como em processos de leitura digital em aparelhos eletrônicos.[81]

A utilidade de determinado produto tecnológico nem sempre pode ser derivada previamente. É possível que, para defini-la, seja necessário racionalizar de qual sentido de utilidade se está a tratar. Tal como posto por Ruth Oldenziel, a tecnologia, nos termos atuais, não pode ser compreendida como um meio ligado às artes, o que distancia o conceito do aspecto subjetivo da utilidade e do desejo individual.[82] No entanto, se pensarmos em utilidade a partir de teorias utilitaristas, mesmo um sensor que anuncia o tipo de bebida que se está a beber pode ser considerado socialmente útil, tendo em vista os recursos econômicos que são gerados direta e indiretamente com sua venda.

Por fim, vale dizer que, ainda que os termos *invenção*, *inovação* e *tecnologia* não estivessem, desde sua origem, necessariamente relacionados, no imaginário da sociedade moderna eles são compreendidos cada vez mais dentro de um mesmo contexto.

Por essa razão, é necessário compreender o significado de cada um, conforme explicado neste capítulo, tendo em vista que, sem tal recons-

---

[80] Ibid., p. 35.
[81] Ibid.
[82] Ruth Oldenziel, "Introduction", op. cit.

trução histórica, não seria possível entender o porquê de sua associação ao que há de mais moderno na sociedade, bem como aos setores científicos e industriais. No limite, o significado do termo *tecnologia* culmina em uma discussão sobre os aspectos sociais, econômicos e culturais de determinada sociedade em determinado contexto histórico.

Dessa forma, apesar de considerarmos hoje, em grande medida, *tecnologia* "sinônimo de aparelhos cada vez mais inteligentes, sofisticados e rápidos, como seu computador, tablet ou smartphone", há quem diga que não é errado considerar "que um arco e flecha, por exemplo, também seja tecnologia".[83]

A digressão é fundamental para refletir sobre a concepção que temos hoje de IoT[84] e dos variados produtos que surgem desse contexto, muitas vezes desacoplados do caráter de real utilidade e novidade, mas que, ainda assim, são considerados tecnologias inovadoras somente pelo fato de envolverem o aspecto digital.

A expressão IoT é utilizada para designar a conectividade e interação entre vários tipos de objetos do dia a dia, sensíveis à internet.[85] Fazem parte desse conceito os dispositivos de nosso cotidiano que são equipados com "sensores capazes de captar aspectos do mundo real, como por exemplo temperatura, umidade e presença, e enviá-los a centrais que recebem estas informações e as utilizam de forma inteligente".[86] A sigla refere-se a um mundo onde objetos e pessoas, assim como dados e ambientes virtuais, interagem uns com os outros no espaço e no tempo.[87]

---

[83] Lucas Karasinski, "O que é tecnologia?", op. cit.

[84] BURRUS, Daniel. The internet of things is far bigger than anyone realizes. *Wired*, [s.d.]. MATTERN, Friedemann; FLOERKEMEIER, Christian. *From the internet of computers to the internet of things*, [s.d.].

[85] SANTOS, Pedro Miguel Pereira. *Internet das coisas*: o desafio da privacidade. Dissertação (mestrado em sistemas de informação organizacionais) — Escola Superior de Ciências Empresariais, Instituto Politécnico de Setúbal, 2016.

[86] NASCIMENTO, Rodrigo. O que, de fato, é internet das coisas e que revolução ela pode trazer? *Computerworld*, 12 mar. 2015.

[87] Ibid.

Do ponto de vista da normalização técnica, a IoT pode ser vista como uma infraestrutura global voltada para a era digital, permitindo serviços avançados por meio da interconexão de coisas (físicas e virtuais) com base nas tecnologias de informação e comunicação interoperáveis existentes e em constante evolução.[88]

A discussão sobre objetos conectados está presente desde os primórdios das tecnologias de informação.[89] Bill Joy, cofundador da Sun Microsystems, já na década de 1990 refletia sobre a conexão de dispositivo para dispositivo (*device-to-device*, D2D), pensando em um tipo de conexão que engloba não apenas uma rede, mas "várias webs".[90-91]

Kevin Ashton, do MIT, em 1999 propôs o termo *internet das coisas*. Dez anos depois, escreveu o artigo "A coisa da internet das coisas" para o *RFID Journal*, reforçando a expressão.[92] De acordo com Ashton, as pessoas necessitam conectar-se com a internet por meio de variadas formas devido à falta de tempo proporcionada pela rotina do novo cotidiano.

Dessa maneira, segundo Ashton, deverá ser possível armazenar dados, até sobre o movimento de nossos corpos, com uma precisão cada vez mais acurada. Para o pesquisador, essa revolução será maior do que o próprio desenvolvimento do mundo online que conhecemos hoje. Tais registros serão úteis, na visão de Ashton, por exemplo, para a economia de recursos naturais e energéticos, e também para possíveis facilidades pessoais e de saúde. Muitas dessas utilidades já estão em vigor, e as funcionalidades da IoT são possíveis graças a

---

[88] SANTUCCI, Gérald. *The internet of things*: between the revolution of the internet and the metamorphosis of objects, [s.d.].

[89] LEINER, Barry M. et al. Brief history of the internet. *Internet Society*, 1997.

[90] PONTIN, Jason. ETC: Bill Joy's six webs. *MIT Technology Review*, 29 set. 2005.

[91] HAPGOOD, Fred. 20 years of IT history: connecting devices, data and people. *CIO*, 28 set. 2007.

[92] ASHTON, Kevin. That "internet of things" thing. *RFID Journal*, 22 jun. 2009.

tecnologias como *wi-fi, bluetooth* e identificação por radiofrequência RFID.[93-94]

Os objetos inteligentes e interconectados podem efetivamente nos ajudar na resolução de problemas reais. Do ponto de vista dos consumidores, os produtos que hoje estão integrados com a tecnologia da IoT são das mais variadas áreas e têm funções diversas, como eletrodomésticos,[95] meios de transporte e brinquedos.

Existem também, atualmente, peças de vestuário com conectividade de IoT, integrando uma categoria denominada *wearables*. Essas tecnologias *vestíveis* consistem em dispositivos que estão conectados uns aos outros produzindo informações sobre os usuários. Entre os principais produtos se destacam pulseiras e tênis que monitoram a atividade física do usuário, além de relógios e óculos inteligentes que

---

[93] "Para ligar os objetos e aparelhos do dia a dia a grandes bases de dados e redes e à rede das redes, a internet, é necessário um sistema eficiente de identificação. Só desta forma se torna possível coligir e registar os dados sobre cada uma das coisas. A identificação por rádio frequência RFID oferece esta funcionalidade. Segundo, o registo de dados beneficiará da capacidade de detectar mudanças na qualidade física das coisas usando as tecnologias sensoriais (*sensor technologies*). A tecnologia RFID que usa frequências de rádio para identificar os produtos é vista como potenciadora da internet das coisas. Embora algumas vezes identificada como a sucessora dos códigos de barras, os sistemas RFID oferecem para além da identificação de objectos informações importantes sobre o seu estado e localização." Ver: A INTERNET das coisas é a extensão da internet ao mundo físico em que torna-se possível a interação com objetos e a própria comunicação autônoma entre objetos. *ActivaiD*, [s.d.]. RFID-COE. *O que é RFID*, [s.d.]. LIMA, Leonardo. RFID e privacidade? Experiências derrubam alguns mitos. *Cabtec GTI*, jul. 2014.

[94] A tecnologia RFID é essencial para a intensificação da IoT no cotidiano, sendo utilizada na identificação de objetos, disponibilizando informações sobre o estado, a localização e mudanças no ambiente dos aparelhos equipados.

[95] "Geladeiras inteligentes são talvez o mais comum dos exemplos quando falamos sobre internet das coisas. O refrigerador Samsung RF28HMELBSR/AA, por exemplo, é equipado com uma tela LCD capaz de reproduzir a tela de seu smartphone no refrigerador. É possível reproduzir vídeos e músicas, consultar a previsão do tempo e até mesmo fazer compras online enquanto verifica na geladeira os itens que precisam ser comprados. O refrigerador traz ainda um *app* chamado Epicurious, que permite a consulta de receitas online" (Rodrigo Nascimento, "O que, de fato, é internet das coisas e que revolução ela pode trazer?", op. cit.).

pretendem prover ao usuário uma experiência de imersão na própria realidade.[96]

Com o objetivo de distinguir os produtos da IoT por sua utilidade, alguns estudos vêm sendo desenvolvidos com base na diferenciação entre internet das coisas *úteis* e internet das coisas *inúteis*. Produtos incomuns, como garrafas térmicas com sensores, geladeiras com Twitter e persianas conectadas, estariam no rol de coisas que possivelmente se contrapõem à *internet das coisas úteis*, termo difundido pelo blog de tecnologia *MeioBit*.[97]

Para fazer essa distinção de acordo com o potencial de utilidade, a *TrendWatching*, *newsletter* sobre consumo e negócio, delimita a IoT de acordo com as seguintes áreas: saúde, física e mental; bem-estar; segurança pessoal; privacidade de dados.[98] Já a empresa Libelium, vinculada ao mercado de IoT, em 2013 fez essa distinção dividindo a internet das coisas em 12 segmentos: cidades; meio ambiente; água; medição; segurança e emergências; comércio; logística; controle industrial; agricultura; pecuária; automação residencial; saúde.[99]

O conceito de *internet das coisas inúteis* relaciona-se ao posicionamento crítico sobre a adaptação de tecnologias avançadas em objetos sem que haja necessidade para tanto, visto que tornar um objeto apenas inteligente pode complicar seu uso e encarecer o produto, inexistindo um aprimoramento útil. Em diversos casos, o objeto analógico mais simples, sem tecnologia avançada envolvida, atende suficientemente ao consumidor, sem precisar ser algo high tech, podendo custar menos e ter uma utilização facilitada.

A tecnologia digital não necessariamente torna a vida das pessoas mais fácil.[100] Os custos para conectar um dispositivo são altos e os

---

[96] LANDIM, Wikerson. Wearables: será que esta moda pega? *Tec Mundo*, jan. 2014. DARMOUR, Jennifer. The internet of you: when wearable tech and the internet of things collide. *Artefact Group*, [s.d.]. O'BRIEN, Ciara. Wearables: Samsung chases fitness fans with Gear Fit 2. *The Irish Times*, ago. 2016.

[97] Ver: <http://meiobit.com/>. Acesso em: 29 mar. 2017.

[98] INTERNET of caring things. *TrendWatching*, abr. 2014.

[99] 50 SENSOR applications for a smarter world. Get inspired! *Libelium*, 2 maio 2012.

[100] KOBIE, Nicole. The useless side of the internet of things. *Motherboard*, 5 fev. 2015.

benefícios talvez sejam baixos demais para compensar o aumento de valor no produto. Podemos citar como exemplo o *egg minder*,[101] que consiste em uma bandeja com sensor que informa quantos ovos existem na geladeira. De fato, poderia ser valiosa essa informação durante as compras no mercado. No entanto, uma solução de baixo custo como uma lista de compras acabaria sendo mais conveniente na análise custo/benefício, substituindo um dispositivo caro, com configurações complexas e baterias que precisam ser recarregadas constantemente.[102] Isso não parece tão inteligente.

Outro problema grave envolve a quantidade de lixo oriunda do descarte de objetos e dispositivos obsoletos. O que vem sendo chamado de *e-waste* tende a aumentar no mundo inteiro, pois a conectividade dos aparelhos pode vir a deixá-los ultrapassados mais rapidamente do que produtos não inteligentes.[103] Segundo pesquisadores da Université Catholique de Louvain, na Bélgica, o mercado de IoT enfrenta desafios para encontrar uma maneira sustentável de descartar o lixo tóxico a ser produzido em larga escala.[104]

O problema é acentuado pela rápida perda de interesse nas "coisas inúteis". Pesquisas mostram que metade dos *fitness trackers*, muito comuns no estágio atual do mercado de IoT, não é mais usada.[105] O motivo já é conhecido: esses dispositivos simplesmente não produ-

---

[101] CARDOSO, Carlos. A internet das coisas inúteis: egg minder. *Meio Bit*, nov. 2013.

[102] EINSTEIN, Ben. The internet of (dumb) things. *Bolt*, fev. 2014.

[103] HOWER, Mike. As "internet of things" grows, so do e-waste concerns. *Sustainable Brands*, 29 dez. 2014. ADVANCED MP. Environmental impact of IoT. *Advanced MP*, [s.d.].

[104] LOUCHEZ, Alain; THOMAS, Valerie. E-waste and the internet of things. *ITU News*, 2014.

[105] BRILL, Mark. Are smartwatches the new sandwich toaster? *Brands, Innovation and Creative Technologies*, 27 mar. 2015a. BRILL, Mark. The internet of useless things and how to avoid it. *SlideShare*, jun. 2015b. MADDOX, Teena. Wearables have a dirty little secret: 50% of users lose interest. *Tech Republic*, 13 fev. 2014. SMARTWATCH ownership rises at a quick pace, activity tracker ownership has begun to plateau. *Wearables Authority*, 13 jul. 2015.

zem benefícios substanciais que justifiquem amplo engajamento e uso duradouro,[106] contribuindo para o *e-waste*.[107]

Além disso, como veremos, transformar um objeto analógico em inteligente, além de encarecer o produto e deixá-lo sujeito a falhas que não teria *a priori*, pode gerar riscos também em relação à segurança e à privacidade.[108] Estamos falando de um contexto que envolve, conforme já mencionado, um volume massivo de dados (*big data*) sendo processado, na escala de bilhões de dados diariamente, possibilitando conhecer cada vez mais os indivíduos em seus hábitos, preferências, desejos e tentando, assim, adivinhar suas escolhas.

Tal necessidade foi bem percebida pelo mercado, que tem explorado a oportunidade de personalização e customização automática de conteúdo nas plataformas digitais, inclusive capitalizando essa filtragem com publicidade direcionada por meio de rastreamento de *cookies* e processos de *retargeting* ou mídia programática (*behavioral retargeting*).[109]

A Federal Trade Commission dos Estados Unidos manifestou preocupação com a segurança do ecossistema de IoT.[110] Em razão disso, recentemente questionou o Department of Commerce sobre o assunto.[111] A FTC estima que cerca de 10 mil habitantes podem gerar

---

[106] THE INTERNET of things is actually full of useless things. *Next Big What*, 6 fev. 2015.

[107] CROUAN, Raph. Corporates must help stop us creating an internet of useless things. *New Statesman*, jun. 2016.

[108] ROMAN, Rodrigo; ZHOU, Jianying; LOPEZ, Javier. On the features and challenges of security and privacy in distributed internet of things. *Computer Networks*, n. 57, p. 2266-2279, 2013. WEBER, Rolf H. Internet of things: new security and privacy challenges. *Computer Law & Security Review*, n. 26, p. 23-30, 2010.

[109] OLIVEIRA, Márcio. Em marketing, big data não é sobre dados, é sobre pessoas! *Exame*, out. 2016.

[110] FTC Staff Report, *Internet of things*, op. cit.

[111] FISHER, Dennis. FTC warns of security and privacy risks in IoT devices. *On The Wire*, 3 jun. 2016a. FISHER, Dennis. The internet of dumb things. *Digital Guardian*, 13 out. 2016b.

150 milhões de *data points*[112] diariamente.[113] Os dispositivos captam as informações, enviam para a central e depois compilam os dados de acordo com as preferências do usuário.[114]

Não se tem, hoje, clareza do tratamento despendido aos dados.[115] Aspectos sobre a coleta, o compartilhamento e o potencial uso deles por terceiros ainda são desconhecidos pelos consumidores. Isso tem a capacidade de abalar (e, em certo sentido, já abala)[116] a confiança dos usuários nos produtos conectados.[117]

Salienta-se, ainda, o fato de que as falhas de segurança abrem espaço para ataques visando ao acesso às informações geradas pelos próprios dispositivos. Além disso, os aparelhos inteligentes, quando invadidos, podem acarretar problemas não só para o aparelho em si, interferindo também na própria infraestrutura da rede. Foi o que aconteceu no final de 2016 com o ataque DDoS,[118] quando hackers conseguiram suspender diversos sites invadindo os servidores através de câmeras de segurança, revelando a vulnerabilidade desses dispositivos.[119] Portanto, questões relacionadas à segurança e proteção de dados

---

[112] "Um *data point* é uma unidade discreta de informação. Em um sentido geral, qualquer fato é um *data point*. Em um contexto estatístico ou analítico, um ponto de dados geralmente é derivado de uma medida ou pesquisa e pode ser representado numericamente e/ou graficamente. O termo é equivalente a *datum*, a forma singular de *data* [dados]." Ver: <http://whatis.techtarget.com/definition/data-point>. Acesso em: 10 out. 2017.

[113] FTC Staff Report, *Internet of things*, op. cit.

[114] Dennis Fisher, "The internet of dumb things", op. cit.

[115] ACCENTURE. *Digital trust in the IoT era*, [s.d.].

[116] BOLTON, David. 100% of reported vulnerabilities in the internet of things are avoidable. *Applause*, set. 2016. CONSUMER TECHNOLOGY ASSOCIATION. *Internet of things*: a framework for the next administration (white paper), 2016. Accenture, *Digital trust in the IoT era*, op. cit. PLOUFFE, James. The ghost of IoT yet to come: the internet of (insecure) things in 2017. *Mobile Iron*, 23 dez. 2016.

[117] MEOLA, Andrew. How the internet of things will affect security & privacy. *Business Insider*, 19 dez. 2016.

[118] Acrônimo em inglês para *distributed denial of service* (ataque distribuído de negação de serviço), ataque DDoS é uma tentativa de tornar os recursos de um sistema indisponíveis para seus utilizadores por meio de uma sobrecarga produzida por máquinas zumbis.

[119] COBB, Stephen. 10 things to know about the October 21 DDoS attacks. *We Live Security*, 24 out. 2016.

pessoais são igualmente importantes para que a IoT se consolide como o próximo passo da internet.

O aumento da oferta de produtos "inúteis" pode enfraquecer todo o mercado de IoT. Por vezes, convincentes estratégias de marketing fazem com que as pessoas adquiram objetos que sequer lhes serão úteis ou que se mostravam úteis à primeira vista, mas que, com o uso, revelaram sua inutilidade. Muitos objetos apenas combinam funcionalidades em um espaço muito pequeno, como é o caso hoje dos *smartwatches*, sacrificando a usabilidade só pela novidade. Essa técnica publicitária massiva que convence o consumidor a adquirir os mais diversos objetos acaba, segundo alguns autores, nos transformando em escravos da tecnologia.[120]

Não se pretende, com isso, tecer críticas absolutas à inovação tecnológica, que proporciona inegáveis benefícios à sociedade. Nada obstante, muitas vezes a inovação é guiada unicamente por fins mercadológicos, de modo que, desde que as criações sejam rentáveis, não importa se terão real utilidade. Basta que os consumidores pensem que elas a possuem.

Como bem pontuou Jenny Judge:

> Mesmo que as empresas de tecnologia não estejam realmente tentando nos escravizar ou nos fazer sentir inadequados, isso não significa que a situação atual seja um caso de boas intenções que deram errado. Não há maior razão para crer que a tecnologia é intrinsecamente boa, mas ocasionalmente dá errado, o que leva a pensar que ela é um vilão extremamente bem-sucedido.
>
> Nós amamos elogiar a tecnologia, e amamos condená-la. Nós a equiparamos ao caos, ao poder, ao amor, ao ódio; à democracia, à tirania, ao progresso e à regressão — nós a louvamos como nossa salvação, enquanto a lamentamos como nosso flagelo. Como qualquer tecnologia que veio anteriormente, a tecnologia digital é tudo isso. Mas não é essencialmente nada disso.[121]

---

[120] JUDGE, Jenny. Are we liberated by tech — or does it enslave us? *The Guardian*, 9 dez. 2015.

[121] Ibid.

Segundo Julia Powles, pesquisadora em direito e política tecnológica da Universidade de Cambridge, é necessário pensarmos em desenvolver uma "internet das pessoas", e não somente das coisas. Para a autora, a IoT pode ser usada como desculpa para o consumismo desenfreado.[122] Além disso, no pior cenário, ficaríamos sob constante vigilância devido aos objetos que adquirimos.[123]

Há criações voltadas para o mercado de IoT que não atendem a uma necessidade da sociedade nem geram um aprimoramento tecnológico significativo, tampouco são guiadas exclusivamente por uma demanda do mercado. Ainda assim, muitas dessas criações conseguem proteção por propriedade intelectual, consideradas invenções. Vamos problematizar brevemente o enquadramento dessas criações como invenções tecnológicas protegidas por lei.

Considera-se uma invenção a criação intelectual de efeito técnico ou industrial.[124] Portanto, para que seja considerada uma invenção *stricto sensu*, não basta ser uma criação do intelecto; é necessário que haja uma solução nova para um problema técnico existente.[125]

O título jurídico pelo qual se protege uma invenção, assegurando ao seu titular uma relação de domínio ou propriedade, denomina-se *patente*.[126] Leciona Alexandra Godoy Corrêa:

---

[122] POWLES, Julia; JUDGE, Jenny. Internet das coisas ou das pessoas? Trad. Rafael A. F. Zanatta. *Outras Palavras*, 27 maio 2016.

[123] Ibid.

[124] Na conceituação de João da Gama Cerqueira, "a invenção, pela sua origem, caracteriza-se como uma criação intelectual, como o resultado da atividade inventiva do espírito humano; pelo modo de sua realização, classifica-se como uma criação de ordem técnica; e, pelos seus fins, constitui um meio de satisfazer às exigências e necessidades práticas do homem". Ver: CERQUEIRA, João da Gama. *Tratado de propriedade industrial*. 2. ed. São Paulo: RT, 1982. v. I.

[125] CORRÊA, Alexandra Barbosa de Godoy. Patentes de medicamentos e o princípio da função social da propriedade no Brasil. *Revista Propiedad Intelectual*, Mérida, ano XIII, n. 17, p. 63, jan./dez. 2014.

[126] Para Cerqueira, "a patente de invenção, expedida pela administração pública, mediante o cumprimento das formalidades legais e sob certas condições, é o ato pelo qual o Estado reconhece o direito do inventor, assegurando-lhe a propriedade e o uso exclusivo da invenção pelo prazo da lei. É o título do direito de propriedade do inventor. Constitui, ao mesmo tempo, a prova do direito e o título legal para o seu

A patente de invenção, além de proteger a invenção, é um título expedido pelo Estado, através do órgão competente para tanto — no Brasil, o Instituto Nacional da Propriedade Industrial (INPI) — que outorga ao seu titular a propriedade e exclusividade de exploração da invenção, por período limitado.[127]

Para que uma patente seja concedida, o legislador pátrio enumerou, expressamente, três requisitos que caracterizam a invenção, todos devendo estar presentes de forma independente e cumulativa, como se observa na Lei nº 9.279/1996: "Art. 8º. É patenteável a invenção que atenda aos requisitos de novidade, atividade inventiva e aplicação industrial".[128]

Nem toda invenção é considerada nova[129] — mesmo que para seu mentor o seja — por já poder estar acessível ao público. Ainda que se trate de novidade por não ter sido requisitado o pedido de registro de

---

exercício. Em sentido figurado significa o próprio privilégio" (*Tratado de propriedade industrial*, op. cit., p. 202). Ver, ainda, a definição de Macedo e Barbosa: "A invenção pode ser descrita como uma nova solução para um problema técnico de produção. O problema pode ser antigo ou novo; respectivamente, de como criar ou aperfeiçoar um processo químico ou um novo produto para atender a uma necessidade antes inexistente. Mas a solução, para ser uma invenção, precisa ser obrigatoriamente nova, ou seja, que ninguém haja criado anteriormente a ideia ou, pelo menos, que ninguém tenha divulgado ou disponibilizado o acesso de sua informação ao público" (MACEDO, Maria Fernanda Gonçalves; BARBOSA, A. L. Figueira. *Patentes, pesquisa & desenvolvimento*: um manual de propriedade industrial. Rio de Janeiro: Fiocruz, 2000. p. 23).

127 Alexandra Barbosa de Godoy Corrêa, "Patentes de medicamentos e o princípio da função social da propriedade no Brasil", op. cit., p. 64.

128 MAGRANI, Bruno et al. *Direitos intelectuais*, 2014. Disponível em: <https://direitorio.fgv.br/sites/direitorio.fgv.br/files/u100/direitos_intelectuais_2014-2.pdf>. Acesso em: 29 mar. 2017.

129 Sobre o conceito de novidade, ver: PHILPOTT, Jeremy. Patents. In: ____; JOLLY, Adam (Ed.). *A handbook of intellectual property management*: protecting, developing and exploiting your IP assets. Londres: The Patent Office/BTG, 2004. "A invenção não deve ser previamente conhecida no domínio público em qualquer lugar do mundo antes da data de arquivamento do pedido de patente. Se alguém já inventou a mesma tecnologia ou similar, e a divulgou, o pedido de patente falhará" (p. 162).

uma mesma invenção em nenhum outro país, a invenção poderá não se encaixar nos requisitos da atividade inventiva caso seja uma criação evidente ou óbvia para um técnico no assunto. Este é o segundo requisito e, portanto, não permite que a criação seja patenteável. Assim, a condição de patenteabilidade referente à atividade inventiva deve ser analisada a partir dos conhecimentos de um técnico no assunto, e não de uma pessoa qualquer.[130]

O terceiro requisito de fundo da patenteabilidade de uma invenção é a aplicação industrial, disposta no art. 15 da Lei nº 9.279/1996. Caso o uso na indústria ou a fabricação da invenção seja possível, estará preenchido o requisito da aplicação industrial.[131]

Entretanto, para o cumprimento desses requisitos, a maior dificuldade enfrentada é a própria definição da utilidade ou caráter industrial da invenção,[132] tendo em vista a completa falta de critérios para uma apreciação adequada e suficiente.

Para Denis Borges Barbosa, utilidade industrial significa "que a tecnologia seja capaz de emprego, modificando diretamente a natureza, numa atividade econômica qualquer".[133] Já Nathan Machin, apresentando a controvérsia sobre a conceituação de utilidade no direito norte-americano, pontua que a Suprema Corte já apresentou diferentes definições, destacando-se dois requisitos básicos: (1) a *utilidade específica*

---

[130] Bruno Magrani et al., *Direitos intelectuais*, op. cit.

[131] Ibid.

[132] "A invenção deve ter um uso, mesmo que seja apenas um brinquedo ou jogo. Nenhum escritório de patentes requer modelos de trabalho nem possui laboratórios onde se verifiquem as reivindicações de requerentes de patentes sobre a eficácia de suas invenções. Os examinadores devem levar os dados experimentais do candidato ao valor nominal. No entanto, as invenções que manifestamente não funcionam (como máquinas de movimento perpétuo) têm recusada a proteção de patente. O requisito de que uma invenção tenha um uso exclui descobertas puras da proteção de patentes. Isso significa que a descoberta da penicilina (uma substância que ocorre naturalmente) não era em si mesma patenteável, embora patentes tenham sido concedidas quando foi trabalhada em uma forma estável para uso como antibiótico (ou seja, uma aplicação útil para a descoberta, e não para a descoberta em si)" (Jeremy Philpott, "Patents", op. cit., p. 163).

[133] BARBOSA, Denis Borges. *Uma introdução à propriedade industrial*. 2. ed. rev. e atual. Rio de Janeiro: Lumen Juris, 2003. p. 319.

requer que a invenção funcione e (2) a *utilidade geral* requer que a invenção seja direcionada a um desejo ou a uma necessidade humana. Além dessas definições (utilidades específica e geral), o autor apresenta outras duas: a *utilidade prática*, que exige que a invenção com fins terapêuticos atenda a determinados padrões elevados, e a *utilidade moral*, que requer que as invenções não sejam nocivas. Machin propõe a doutrina da utilidade prospectiva, que seria aplicável a todas as invenções, como uma fórmula de determinar a utilidade. Três seriam as principais distinções dessa doutrina: (1) ela define utilidade como promotora do progresso das artes úteis; (2) permite que alguém estabeleça utilidade ao demonstrar que uma pessoa de habilidades ordinárias na arte acreditaria, de forma razoável, que a invenção tem chances razoáveis de ter usos significativos no futuro; (3) possibilita que o candidato à patente apresente evidências de sucessos comerciais como evidência da utilidade.[134]

Vale, ainda, conferir os ensinamentos de Bercovitz, para quem "a invenção, para ser considerada invenção industrial, deve pertencer ao campo da indústria, entendida esta como a atividade que busca, por meio de uma atuação consciente dos homens, fazer úteis as forças naturais para a satisfação das necessidades humanas".[135-136]

A conceituação de utilidade é de importância capital para o estudo da patenteabilidade de dispositivos da IoT, uma vez que uma análise descuidada pode levar à proteção e ao monopólio de exploração de objetos que não têm real utilidade. Diversas criações relacionadas à IoT conseguiram conquistar a proteção intelectual como invenções devido a um julgamento leviano do órgão responsável pelo registro.

---

134 MACHIN, Nathan. Prospective utility: a new interpretation of the utility requirement of section 101 of the Patent Act. *California Law Review*, v. 87, n. 2, p. 423-436, 1999.

135 BERCOVITZ, A. *Los requisitos positivos de patenteabilidad en el derecho alemán*, 1969, p. 446. Apud BERGEL, Salvador D. Requisitos y excepciones a la patenteabilidad: invenciones biotecnológicas. In: CORREA, Carlos M. (Coord.). *Derecho de patentes*: el nuevo regimen legal de las invenciones y los modelos de utilidad. Buenos Aires: Ciudad Argentina, 1996. p. 23.

136 Bruno Magrani et al., *Direitos intelectuais*, op. cit.

Como afirma Raph Crouan, a *internet das coisas* é uma expressão da moda, mas é preciso que as empresas atuem de modo conjunto a fim de criar soluções para problemas atuais. Do contrário, há o risco de a IoT se concentrar na internet das coisas inúteis.[137] O Estado, por meio do órgão responsável pelo registro de patentes, deve estar atento ao cumprimento dos requisitos patentários, visto que a concessão do monopólio de exclusividade sobre uma criação intelectual deve visar também à função social dessa criação, e, para tanto, esta deve atender a uma necessidade da sociedade.

Diante desse cenário, Samuel Greengard pontua que há um grupo muito otimista quanto à IoT, mas há outro que não vê as coisas de forma tão positiva, afirmando que ela pode descortinar um futuro distópico semelhante ao descrito por George Orwell em *1984*. O autor bem sintetiza a questão:

> Na realidade, a IoT irá provavelmente pousar em algum ponto entre as duas extremidades do espectro. Ela vai introduzir muitos dispositivos frívolos e inúteis que desaparecem rapidamente, mas também oferece sistemas altamente práticos e soluções que melhoram a qualidade de vida. Isso tornará as coisas mais fáceis e seguras de algumas formas, porém mais difíceis e desafiadoras de outras. [...] Só o tempo revelará essas respostas e nos deixará saber se um mundo conectado realmente é igual a um mundo melhor.[138]

Por outra perspectiva, as pesquisadoras Jenny Judge e Julia Powles destacam os lados negativos das invenções relacionadas à IoT:

> Na melhor das hipóteses, a internet das coisas é apenas mais uma desculpa para o consumismo desenfreado, cuja única contribuição será a de obstruir os porões com mais lixo desnecessário. Mas, na pior das

[137] Raph Crouan, "Corporates must help stop us creating an internet of useless things", op. cit.
[138] GREENGARD, Samuel. *The internet of things*. Cambridge, MA: The MIT Press, 2015. p. 188-189.

> hipóteses, objetos domésticos diários serão transformados em espiões inimigos, colocando-nos sob vigilância constante. Seremos cutucados e manipulados a cada momento. Nossas vidas e posses serão perpetuamente expostas a hackers. A internet das coisas de fato irá encher nossas casas com objetos, mas esses objetos estão longe de serem encantados — eles são amaldiçoados.[139]

As autoras afirmam, ainda, que devemos unir os mundos físico e digital, de modo que tenhamos controle de nossas informações e que a tecnologia seja usada de forma inteligente:

> A saída é contraintuitiva. Em suma, precisamos nos esquecer das coisas. Precisamos parar de nos obcecar com objetos "inteligentes" e começar a pensar com inteligência sobre as pessoas. Dificilmente podemos desviar o olhar de nossos portais para a internet. E esses dispositivos estão entrando em nosso caminho. Estarmos acorrentados a nossas mesas está cortando pedaços de nossas vidas. Olhar fixamente para nossos smartphones está prejudicando nossas colunas. Estamos perdendo o sono. Nossa visão está falhando. Nossas próprias identidades estão ameaçadas pela rede opaca. *Algo deve mudar.* [...] Este é o verdadeiro potencial da internet das coisas. Poderia colocar nossos vastos armazéns de conhecimento tácito e corpóreo para trabalhar online. Poderia unir os mundos físico e digital. E poderia situar-nos no controle de nossa própria informação e integridade contextual, num contexto moral e político *compromissado, de forma resoluta,* com os direitos humanos, o estado de direito e a coesão social. Poderia se tornar uma internet não de coisas inteligentes, mas de pessoas inteligentes e capacitadas. [...] A internet se tornou uma parte tão onipresente de nossas vidas que tendemos a esquecer que ela está em sua infância. Ainda é apenas um protótipo bruto do que poderia ser. A internet do

---

[139] JUDGE, Jenny; POWLES, Julia. Forget the internet of things: we need an internet of people. *The Guardian*, 25 maio 2015.

> futuro não precisa ser como a internet de hoje: plana, monopolizada e perigosamente opaca. Sua forma, contornos e sensação ainda estão, literalmente, em disputa.[140]

Vale ressaltar, neste ponto, a opinião de Sérgio Czajkowski Jr., professor da Universidade Positivo e do UniCuritiba, segundo quem, "mesmo sendo inegável que a tecnologia foi vital para uma 'evolução' da humanidade, é salutar sempre mencionar que esta não é neutra e que nem todos os avanços tecnológicos redundaram em benefícios para toda a humanidade".[141]

Com esses exemplos, ainda que a internet esteja sendo levada às coisas, estas estão conectadas a nós, as pessoas a quem essas coisas passarão a prover serviços e funcionalidades. É nesse sentido que devemos compreender que estamos falando sempre de uma internet das pessoas. Devemos evoluir também na análise crítica a respeito da utilidade dessas criações e nas questões de privacidade e segurança que elas implicam.

Pretende-se, com isso, dar os incentivos (sociais e estatais) corretos para que os benefícios sejam sempre maiores do que qualquer malefício decorrente dessa conectividade. Devemos refletir ainda sobre os impactos desses produtos em nosso comportamento. Tudo isso é incorporado à nossa rotina de forma imperceptível, mas causa, rapidamente, alta dependência pelo conforto e pela comodidade que essa nova realidade nos traz. Devemos nos preocupar em como a ampliação de nossa conexão com as "coisas" será capaz de gerar efeitos positivos na sociedade, melhorando nosso bem-estar, nossos relacionamentos interpessoais e atendendo a requisitos de utilidade e função social.

Para entender melhor o surgimento do conceito de IoT e buscar compreender a razão pela qual ela vem sendo associada à ideia de web 3.0, e tendo em suas manifestações um forte componente de tecno-

---

140 Ibid., grifos nossos.

141 Apud Lucas Karasinski, "O que é tecnologia?", op. cit.

logia inovadora, analisaremos as diferentes fases por meio das quais a rede vem se modificando e aprimorando, até a chegada desse novo conceito.[142]

[142] As invenções relacionadas à IoT passam a interagir entre elas e com as pessoas, geralmente por meio de três etapas: (1) identificação: "o sistema precisa registrar os dados de cada aparelho" e conectar esses objetos a bases de dados e à internet; (2) sensores: "o sistema detecta mudanças na qualidade física dos objetos"; (3) "miniaturização e nanotecnologia: pequenos objetos com a capacidade de interagir e se conectar à grande rede". Ver: GIELFI, Marcella. "Internet das coisas" × "internet de tudo": como isso vai mudar seu cotidiano em breve. *Ideia de Marketing*, 22 abr. 2013.

2. Origem e taxonomia da IoT: as três eras da internet

O conceito de IoT está relacionado a uma nova era da internet, chamada de web 3.0, mas antes do cenário atual muitas conceituações e evoluções ocorreram e serão resumidamente explicadas a seguir.

A internet[143] surgiu no final da década de 1960, criada no âmbito do projeto Advanced Research Projects Agency Network (Arpanet), vinculado à Defense Advanced Research Projects Agency (Darpa).[144] Financiado pelo governo federal dos Estados Unidos, tinha o intuito de construir uma comunicação resistente a falhas ou ataques locais, por meio da criação de uma rede de computadores interconectados, utilizando o protocolo TCP/IP para se comunicar entre si.[145]

Como ensina Manuel Castells, a Arpanet, como projeto bélico, serviu no início para a interconexão de redes militares regionais.[146] Com o desenvolvimento da tecnologia e a possibilidade de transferir, por meio da rede, diversos tipos de mensagens, como voz e imagens, criou-se a

---

143 O que chamamos hoje comumente de "internet" consiste em um conjunto de computadores conectados entre si por meio de várias redes que se conectam uma à outra até formar a grande rede ou internet.

144 Há certa confusão terminológica na doutrina: enquanto alguns autores usam a abreviação Arpa, outros se valem de Darpa. Como pontua Paul Ceruzzi, a Arpa (Advanced Research Projects Agency) foi fundada em 1958 e, posteriormente, renomeada para Defense Advanced Research Projects Agency (Darpa). O nome foi revertido para Arpa em 1993. Alguns anos depois, o termo voltou a ser Darpa, assim utilizado até hoje, acrônimo por que optamos neste livro. Ver: <https://www.darpa.mil/>. Acesso em: 28 jul. 2017. Ver também: CERUZZI, Paul E. The internet before commercialization. In: ____; ASPRAY, William (Ed.). *The internet and American business*. Cambridge, MA: The MIT Press, 2008. p. 38.

145 ABBATE, Janet. *Inventing the internet*. Cambridge, MA: The MIT Press, 1999. HAFNER, Katie; LYON, Matthew. *Where wizards stay up late*: the origins of the internet. Nova York: Touchstone, 1998.

146 CASTELLS, Manuel. *A sociedade em rede*. 8. ed. rev. e ampl. Trad. Roneide Venancio Majer. São Paulo: Paz e Terra, 2005. v. I, p. 82-83.

possibilidade de comunicação entre os nós da rede sem que fosse necessário haver centros de controle. A primeira rede de computadores (Arpanet) tinha seus quatro nós localizados na Universidade da Califórnia em Los Angeles, no Stanford Research Institute, na Universidade da Califórnia em Santa Bárbara e na Universidade de Utah, e entrou em funcionamento em 1969. O governo permitia que centros de pesquisa que colaboravam com o Departamento de Defesa dos EUA tivessem acesso à rede para fins de estudos direcionados ao departamento. Com o tempo, os cientistas passaram a usá-la para objetivos próprios, gerando embaraços à separação entre pesquisa com fins militares e com fins pessoais.[147] Foram criados, então, dois centros específicos: um destinado a aplicações militares; outro, a científicas. A Arpanet continuou a se expandir: em 1972 contava com 37 nós e em 1983 com 562.[148]

Na década de 1970, os primeiros protocolos surgiram, a começar pelo *network control protocol* (NCP). A partir de então, os próprios usuários puderam desenvolver aplicações. Vint Cerf e Robert Kahn criaram o TCP, que posteriormente foi dividido em TCP e IP.[149] Isso possibilitou o endereçamento de pacotes individuais e a administração de serviços como controle de tráfego e recuperação de serviços de maneira mais estável. A Darpa, então, firmou três contratos com a Universidade de Stanford para a implementação do TCP/IP. Foi o início de um longo período de experimentação e amadurecimento dos conceitos e mecanismos da internet.

No começo da década de 1980, com a consolidação do protocolo TCP/IP como meio de comunicação entre as diversas redes de computadores e com o início da comercialização dos primeiros computadores pessoais (Arpanet 8800, Apple I e II), houve o crescimento exponencial de utilização da internet como ambiente digital tecnológico, permitindo a difusão de LANs, PCs e *workstations* nos anos que se seguiram.[150]

---

[147] Ibid.

[148] Ver: <http://paginas.fe.up.pt/~mgi97018/historia.html>. Acesso em: 28 jul. 2017.

[149] Manuel Castells, *A sociedade em rede*, op. cit., p. 84-86.

[150] RIBEIRO, Lígia Maria. *Algumas notas sobre a história da internet*. Faculdade de Engenharia da Universidade do Porto, abr. 1998.

Pesquisadores como Vint Cerf sentiram necessidade de criar instituições voltadas para a coordenação dos mecanismos que sustentariam a internet, cada uma responsável por uma parte da rede. Surgiram então entidades como Internet Society (ISOC), Internet Engineering Task Force (IETF), Institute of Electrical and Electronics Engineers (IEEE) e Internet Corporation for Assigned Names and Numbers (ICANN).[151]

Outra importante mudança diz respeito aos nomes de domínio e à capacidade dos roteadores. Para resolver tais questões, foram desenvolvidos o *domain name system* (DNS),[152] o *internet gateway protocol* (IGP) e o *exterior gateway protocol* (EGP).

Por volta de 1985, a internet já estava estabilizada como uma comunidade de pesquisadores e desenvolvedores ao redor do mundo. O próximo avanço significativo veio por intermédio de Tim Berners-Lee, Robert Cailliau e demais pesquisadores do Conseil Européen pour la Recherche Nucléaire (CERN) responsáveis por criar, no final da década de 1980, um protocolo eficiente para distribuir informação: a *world wide web* (www ou *web*).[153] O principal acesso à internet hoje no mundo se dá por meio da web, que acabou se tornando, usualmente, sinônimo da própria internet, mas que não deve ser confundido com esta.

Web é um termo simplificado de *world wide web*, que consiste em apenas uma das várias ferramentas de acesso à internet. A web usa a internet, mas ela em si não é a internet. É uma aplicação criada para permitir o compartilhamento de arquivos (HTML e outros), tendo o browser (navegadores como Internet Explorer, Safari e Chrome) como ferramenta de acesso. A web usa o protocolo HTTP para promover a transferência de informações e depende dos browsers "para apresentar

---

[151] Ver: <https://www.internetsociety.org/internet/history-internet/>; <https://www.ietf.org/about/> e <https://www.ripe.net/participate/internet-governance/internet-technical-community/ietf>; <https://www.ieee.org/about/ieee_history.html>; <https://www.icann.org/history>. Acessos em: 5 dez. 2017.

[152] CERUZZI, Paul E. The internet before commercialization. In: _____; ASPRAY, William (Ed.). *The internet and American business*. Cambridge, MA: The MIT Press, 2008. p. 32-38.

[153] RYAN, Johnny. *A history of the internet and the digital future*. Londres: Reaktion Books, 2010. p. 105 e segs.

tudo isso ao internauta, permitindo que ele clique em links que levam a arquivos hospedados em outros computadores".[154] A web é composta por: (1) navegador/browser; (2) HTML, CSS, Javascript e outras linguagens usadas para criar um website; (3) servidor web, que é o local onde os arquivos das linguagens ficam hospedados. Na maioria das situações, é por meio da web que uma pessoa acessa a internet, à exceção de serviços como e-mail, FTP e troca de mensagens instantâneas.[155]

A partir desse momento, diversos atores públicos e privados com interesses não acadêmicos e não militares começaram a investir na internet. Em 1990, a Arpanet foi formalmente desligada. Diversas ferramentas de busca como Archie[156] e Gopher[157] apareceram. Jeff Bezos, por exemplo, começou a desenvolver o plano de mercado para a Amazon.[158] Bill Gates escreveu o texto "O maremoto da internet".[159] Em 1998, o Google foi criado.[160] Essa popularização e profusão de produtores de conteúdo e consumidores de informações deu início à revolução digital, modificando profundamente a sociedade.

Para entender melhor a evolução dos usos e as potencialidades da internet ao longo do tempo, costuma-se dividir a web em três gerações. A primeira (web 1.0), surgida em meados da década de 1980, ficou caracterizada pela possibilidade de conexão entre pessoas, porém de forma estática e sem interatividade com os sites, sendo estes criados somente para leitura (*read-only web*).[161] A ausência de comunicação e de interação entre consumidores e produtores era algo inerente à web 1.0, mas, apesar de essa característica parecer tão negativa atualmente, isso

---

[154] QUAL a diferença entre internet e web? *Olhar Digital*, mar. 2014.

[155] Ibid.

[156] Ver: <http://archie.icm.edu.pl/archie-adv_eng.html>. Acesso em: 17 jul. 2017. Ver também: STIEBEN, Danny. The Archie search engine: the world's first search! *Make Use Of*, maio 2013.

[157] O QUE é Gopher? *Canaltech*, [s.d.].

[158] STONE, Brad. *The everything store*: Jeff Bezos and the age of Amazon. Boston: Little Brown and Company, 2013.

[159] No original, "The internet tidal wave".

[160] Ver: <www.google.com.br/about/our-story/>. Acesso em: 17 jul. 2017.

[161] GARCÍA ARETIO, Lorenzo. Web 2.0 vs. web 1.0. *Contextos Universitarios Mediados*, Madri, n. 14, v. 1, passim, [s.d.].

não diminuiu seu impacto, pois pela primeira vez estavam disponíveis as mais variadas informações, gratuitamente, em milhões de páginas.[162] Outra característica da web 1.0 diz respeito à restrição dos aplicativos, que não podiam ser alterados ou ter seu funcionamento visualizado, a exemplo do Netscape Navigator.[163]

Para ilustrar, os primeiros sites de *e-commerce* encaixam-se na definição de web 1.0, pois apenas disponibilizavam os catálogos em formato virtual, para que mais pessoas pudessem saber sobre seus produtos e serviços, de modo mais cômodo para o consumidor.[164]

É válido lembrar que o termo *web 1.0* foi cunhado somente após a popularização do termo *web 2.0* por membros da O'Reilly Media em uma conferência realizada em 2004.[165] Dessa forma, surgiu a necessidade de categorização e diferenciação entre essas duas eras.

A transição entre web 1.0 e web 2.0 não se deu de forma clara. Há uma linha tênue na qual sites utilizam ferramentas inerentes a essas duas fases. Em alguns casos, portanto, não é possível rotular um site como sendo 1.0 ou 2.0. Além do mais, dependendo de sua finalidade, alguns sites em formatos mais simples podem ser tão eficazes quanto os mais complexos.

Enquanto a web 1.0 ficou conhecida como a "web do conhecimento", pelo aumento súbito de informações que proporcionou aos usuários, a web 2.0 pode ser considerada a "web da comunicação", devido à grande interatividade viabilizada em suas plataformas.[166] A mudança entre essas duas eras não ocorreu por alguma inovação tecnológica, e sim por meio de uma nova forma de utilização das ferramentas que estavam disponíveis na web desde o início.

---

[162] BIG THINK. Web 3.0. *Youtube*, abr. 2012.

[163] CORMODE, Graham; KRISHNAMURTHY, Balachander. Key differences between web 1.0 and web 2.0. *First Monday*, v. 13, n. 6, jun. 2008.

[164] GETTING, Brian. Basic definitions: web 1.0, web. 2.0, web 3.0. *Practical Ecommerce*, abr. 2007.

[165] Informações sobre a Web 2.0 Conference disponíveis em: <http://conferences.oreillynet.com/web2con/>. Acesso em: 27 mar. 2017.

[166] AGHAEI, Sareh; NEMATBAKHSH, Mohammad Ali; FARSANI, Hadi Khosravi. Evolution of the world wide web: from web 1.0 to web 4.0. *Internet Journal of Web & Semantic Technology*, v. 3, n. 1, jan. 2012.

Os principais atributos da web 2.0 fazem referência a seu caráter colaborativo e de interação constante dos usuários. Todas essas relações foram possíveis graças à expansão de plataformas como redes sociais, blogs, wikis, entre outros. Assim, a produção de conteúdo na internet passou a ser realizada de maneira mais fluida. A partir do momento em que os próprios usuários puderam também abastecer as plataformas com informações, a web passou a ser uma via de mão dupla,[167] ganhando a denominação de *read-write web*. Portanto, com o advento da web colaborativa (2.0), o usuário de internet deixou de ser somente um consumidor de conteúdo, passando a ser, ao mesmo tempo, também produtor, dando origem ao conceito de *prosumer*,[168] típico das relações de interação nas plataformas de web 2.0, principalmente redes sociais.

Nessa fase de transição, também havia preocupações relativas à estrutura da web, a maioria concernente ao tráfego de informações e à coleta de dados, ou seja, não muito diferente dos obstáculos que o *boom* da IoT também promete proporcionar, porém, dessa vez, em escalas maiores.

Em relação aos sites de *e-commerce*, que na web 1.0 se apresentavam como algo análogo a catálogos, com o advento da web 2.0 esses mesmos sites, especialmente o da Amazon, passaram a criar ferramentas de classificação dos produtos e abriram espaço para comentários dos usuários, fazendo com que a experiência da compra pudesse ser compartilhada com futuros consumidores.

Graham Cormode e Balachander Krishnamurthy buscaram explicar as principais diferenças entre a web 1.0 e a web 2.0:

> A web 2.0 captura uma combinação de inovações na web nos últimos anos. É difícil encontrar uma definição precisa e é difícil categorizar muitos sites com o rótulo binário "web 1.0" ou "web 2.0". Mas há uma clara separação entre um conjunto de sites web 2.0 altamente populares, como Facebook e Youtube, e a "web antiga". Essas separações são visíveis quando projetadas em uma variedade de eixos, como o tecnológico

[167] Johnny Ryan, *A history of the internet and the digital future*, op. cit., p. 150.
[168] GIURGIU, Luminita; BÂRSAN, Ghita. The prosumer: core and consequence of the web 2.0 era. *Revista de Informática Sociala*, ano V, n. 9, p. 53-59, jun. 2008.

(o desenvolvimento de scripts e tecnologias de apresentação usadas para renderizar o site e permitir a interação dos usuários); o estrutural (finalidade e disposição do site) e o sociológico (noções de amigos e grupos).[169]

Em seu reconhecido artigo sobre a conceituação de web 2.0, Tim O'Reilly criou um quadro comparativo que exemplifica as principais mudanças entre as duas primeiras gerações:[170]

QUADRO 1

Web 1.0	Web 2.0
DoubleClick	Google AdSense
Ofoto	Flickr
Akamai	BitTorrent
Mp3.com	Napster
Britannica Online	Wikipedia
Personal websites	Blogging
Evite	Upcoming.org and EVDB
Domain name speculation	Search engine optimization
Page views	Cost per click
Screen scraping	Web services
Publishing	Participation
Content management systems	Wikis
Directories (taxonomy)	Tagging ("folksonomy")
Stickiness	Syndication

Outra possibilidade de comparação entre as duas fases é a do quadro 2, na próxima página:[171]

[169] Graham Cormode e Balachander Krishnamurthy, "Key differences between web 1.0 and web 2.0", op. cit.
[170] O'REILLY, Tim. What is web 2.0: design patterns and business models for the next generation of software. *O'Reilly*, set. 2005a.
[171] Sareh Aghaei, Mohammad Ali Nematbakhsh e Hadi Khosravi Farsani, "Evolution of the world wide web", op. cit., p. 3.

QUADRO 2

Web 1.0	Web 2.0
Leitura	Leitura/escrita
Companhias	Comunidades
Cliente-servidor	Peer to peer
HTML, portais	XML, RSS
Taxonomia	Tags
Posse	Compartilhamento
IPOs	Transações
Netscape	Google
Webforms	Web applications
Screenscaping	APIs
Dialup	Banda larga
Custos de hardware	Custos de banda
Palestras	Conversação
Publicidade	Boca a boca
Serviços vendidos pela internet	Serviços de web
Portais de informação	Plataformas

O termo *web 3.0,*[172] por sua vez, foi criado pelo jornalista John Markoff, do *New York Times,*[173] baseado na evolução do termo *web 2.0,* difundido por Tim O'Reilly e Dale Dougherty em 2004. Enquanto a web 2.0 permitia a interação de pessoas, a web 3.0 usará a internet para cruzar dados. Essas informações poderão ser lidas pelos dispositivos, e estes conseguirão fornecer informações mais precisas. O conceito de web 3.0 ainda é fluido e alvo de críticas, porém já apresenta algumas características que o distinguem das ondas anteriores. A principal delas são os novos polos de conexão, em que objetos interagem com pes-

[172] RAY, Kate. Web 3.0. *Vimeo,* maio 2010.

[173] MARKOFF, John. Entrepreneurs see a web guided by common sense. *The New York Times,* nov. 2006. O texto foi traduzido para o português por Fabiano Caruso e pode ser encontrado em: <www.mail-archive.com/bib_virtual@ibict.br/msg01199.html>. Acesso em: 27 mar. 2017.

soas e também com outros objetos; por isso a relação com a ideia de internet "das coisas".[174]

Sobre o conceito de *coisa* no enquadramento da internet das coisas, vale mencionar a reflexão do especialista e pesquisador na área de tecnologia Silvio Meira:

> *Coisas*, aqui, são dispositivos que têm, em alguma intensidade, capacidades de *computação, comunicação* e *controle* [...]. Se não tem sensores ou atuadores que lhe permitem características de controle, um objeto está no plano de computação e comunicação, é uma máquina em rede; se não tem capacidade de comunicação, é um sistema de controle digital; se não tem capacidades computacionais, é o que antigamente se chamava (e ainda existem hoje) sistemas de telemetria. Coisas, aqui pra nós, têm as três características, e todas elas digitais. A gente até poderia dizer que coisas, no sentido de internet das *coisas*, são *objetos digitais completos*.

E continua:

> Mas é preciso dizer que as *coisas*, no verdadeiro sentido da *internet das coisas*, são na verdade *outras coisas* — objetos físicos, sem qualquer das características acima, que são *envelopados por uma camada digital* que tem as características da imagem. E isso vai de uma lâmpada e uma fechadura até uma turbina e um veículo inteiro. Daqui pra frente, neste texto, coisas são a combinação de objetos físicos quaisquer com sua camada digital, normalmente inseparáveis. Lá na frente, pode ser que tal inseparabilidade seja uma propriedade dos *objetos digitais nativos* [...]

---

[174] É importante ressaltar que, com pontos em comum, a internet das coisas faz parte da web 3.0, mas não se confunde com ela. A web 3.0, como o nome indica, consiste na terceira geração do conceito de web e compreende diferentes formas de integrar e analisar dados a fim de obter novos conjuntos de informações. O conceito de web 3.0 compreende características que fogem ao escopo da IoT, a exemplo das novas camadas na arquitetura da web. Há, ainda, mudanças na perspectiva das possibilidades de uso da web, que não necessariamente envolvem o uso de dispositivos inteligentes.

> *As coisas não existem soltas, por aí.* E não são, ou não deveriam ser, simplesmente, sensores e atuadores em rede. Isso seria diminuir muito o que se espera de *#IoT, the internet of things,* e reduzir seu potencial ao da velha e boa telemetria. Para que todo seu potencial possa ser capturado, *as coisas têm que fazer parte de um sistema,* de uma ou de um conjunto articulado de *plataformas.*[175]

Talvez possamos afirmar que a principal diferença entre a web 2.0 e a web 3.0 está no fato de que a primeira enfoca a criatividade dos usuários para produção de conteúdo, uma vez considerados, ao mesmo tempo, consumidores e produtores das informações que trafegam online, enquanto a segunda, os conjuntos de dados e objetos interligados.[176] O quadro 3 nos ajuda a visualizar algumas distinções importantes:[177]

QUADRO 3

Web 2.0	**Web 3.0**
Internet de leitura/escrita	Internet pessoal portátil
Comunidades	Indivíduos
Compartilhamento de conteúdo	Consolidação de conteúdo dinâmico
Blogs	Lifestream
Ajax	RDF
Wikipedia, Google	Dbpedia, iGoogle
Tagging	Engajamento de usuários

Há quem defenda que a conexão entre máquinas (M2M) será cada vez mais útil para a organização de informações quando necessitarmos de respostas e soluções concretas e personalizadas. Essa tecnologia, potencializada com a conectividade cada vez maior dos dispositivos, pro-

---

175 MEIRA, Silvio. Sinais do futuro imediato, #1: internet das coisas. *Ikewai*, Recife, dez. 2016, grifos no original.

176 Sareh Aghaei, Mohammad Ali Nematbakhsh e Hadi Khosravi Farsani, "Evolution of the world wide web", op. cit., p. 6.

177 Ibid.

porcionará uma experiência diferenciada, com conteúdos mais inteligentes e concentrada no indivíduo. Especialistas acreditam que as utilidades da web 3.0 poderão nos proporcionar uma espécie de assistente pessoal, que aprenderá cada vez mais sobre nós à medida que navegarmos.[178]

Com o conceito de web 3.0, surgiu também o de *internet semântica*. Tim Berners-Lee, o criador da *world wide web*, explica que a web semântica é um componente da web 3.0.[179] Durante as primeiras eras da internet, todo o conteúdo era gerado para a compreensão de humanos, ou seja, as páginas da web são facilmente reconhecíveis para nós. Os computadores não tinham essa habilidade, mas isso está mudando.

Com a internet semântica, os dispositivos serão capazes de obter e interpretar as informações fornecidas pelos usuários. Agregando essas informações pessoais, as plataformas poderão individualizar os resultados. Exemplificando: mesmo que duas pessoas façam uma pesquisa usando os mesmos termos, os resultados serão diferentes, pois a busca levará em conta também o histórico e o contexto de cada indivíduo.[180] A web 3.0 e a internet semântica se sustentarão nas enormes bases de dados que serão criadas conforme os clientes utilizem as plataformas dotadas com as tecnologias dessa era.[181]

---

[178] "Por sua vez, o Santo Graal para os desenvolvedores da web semântica é construir um sistema que possa dar uma resposta completa e razoável a uma pergunta simples como: 'Estou à procura de um local quente para passar as férias e disponho de US$ 3 mil. Ah, e tenho um filho de 11 anos'. No sistema atual, tal pergunta poderia levar a horas de pesquisa — por listas de voos, hotéis, aluguéis de carro — e as opções costumam entrar em conflito umas com as outras. Na web 3.0, a mesma pesquisa resultaria idealmente em um pacote de férias completo, planejado tão meticulosamente como se tivesse sido preparado por um agente de viagens humano" (John Markoff, "Entrepreneurs see a web guided by common sense", op. cit.).

[179] SHANNON, Victoria. A "more revolutionary" web. *The New York Times*, maio 2006.

[180] Como será visto ao longo deste livro, a adoção de técnicas que se baseiam, entre outros dados, no histórico dos indivíduos, como *profiling* e *targeting*, pode gerar práticas que vão de encontro ao princípio da discriminação, o que deve ser evitado. Ver: PEPPET, Scott R. Regulating the internet of things: first steps toward managing discrimination, privacy, security, and consent. *Texas Law Review*, v. 93, p. 117-120, 2014. DONEDA, Danilo. *Da privacidade à proteção de dados pessoais*. Rio de Janeiro: Renovar, 2006, p. 173 e segs.

[181] SHADBOLT, Nigel; HALL, Wendy; BERNERS-LEE, Tim. The semantic web revisited. *IEEE Computer Society*, p. 96-101, maio/jun. 2006.

Além de abarcar o conceito de web semântica, a web 3.0 tem outras características tão importantes quanto a que trata dessa web inteligente.[182] Entre elas estão: a conectividade onipresente, também chamada de *ubiquitous computing*; as redes integradas e descentralizadas (computação em nuvem, P2P); tecnologias de código aberto (*open data, open source*); os cadastros integrados, nos quais é possível usar apenas uma conta para utilizar variados serviços.[183] O quadro 4 nos ajuda a distinguir as três fases.[184]

QUADRO 4

	Web 1.0	Web 2.0	Web 3.0
Comunicação	Broadcast	Interativa	Engajada/aplicada
Informação	Estática/ apenas leitura	Dinâmica	Portátil & pessoal
Foco	Organização	Comunidade	Individual
Pessoal	Home pages	Blogs/wikis	Lifestreams
Conteúdo	Posse	Compartilhamento	Curadoria
Interação	Web forums	Web applications	Smart applications
Busca	Diretórios	Palavras-chave/ tags	Contexto/ relevância
Métrica	Visitas à página	Custo por click	Engajamento do usuário
Publicidade	Banners	Interativa	Comportamental
Pesquisa	Britannica Online	Wikipedia	The semantic web
Tecnologias	HTML/FTP	Flash/Java/XML	RDF/RDFS/OWL

182 Ver vídeo ilustrativo sobre web 3.0. Disponível em: <www.youtube.com/watch?v=F_nbUizGeEY>. Acesso em: 28 mar. 2017.
183 LIFEBOAT FOUNDATION. Web 3.0: the third generation web is coming. Lifeboat Foundation: Safeguarding Humanity. *Special report*, [s.d.].
184 WEB 3.0 & Beyond. *Rad Students Wiki*, [s.d.].

Além da definição de internet das coisas, relacionada aos conceitos mais recentes descritos anteriormente, também está sendo disseminado o conceito de *internet de todas as coisas* ou *internet de tudo* (*internet of everything*, IoE).[185] Empresas como Cisco e Qualcomm, que trabalham com infraestrutura de redes, vêm difundindo esse termo em convenções e documentos. Porém, em princípio, não há diferenciações claras e substanciais entre IoT e IoE. A própria Qualcomm não faz distinção nenhuma. Já a Cisco acredita que a IoT é um estágio de transição para que possamos alcançar a IoE.[186]

Definições e previsões sobre as próximas webs também já estão sendo realizadas. Estudiosos apontam que a *web 4.0* ou *5.0* será uma web simbiótica,[187] capaz de integrar gradativamente as tecnologias ao ser humano, podendo envolver até sentimentos e emoções ou transformando a web em um cérebro paralelo ao nosso. As definições sobre as próximas webs são assumidamente vagas, visto que a denominação 2.0 até hoje é alvo de críticas[188] e o conceito de web 3.0 ainda está se consolidando, mas as afirmações possíveis de serem feitas dão conta de maior utilização da inteligência artificial para criar uma web mais potente e eficiente.

---

185 BAJARIN, Tim. The next big thing for tech: the internet of everything. *Time*, jan. 2014.

186 WEISSBERGER, Alan. Are the internet of things (IoT) & internet of everything (IoE) the same thing? *Viodi*, maio 2014.

187 PATEL, Karan. Incremental journey for world wide web: introduced with web 1.0 to recent web 5.0: a survey paper. *International Journal of Advanced Research in Computer Science and Software Engineering*, v. 3, n. 10, p. 416, out. 2013.

188 O'REILLY, Tim. Not 2.0? *Radar*, ago. 2005b.

3. Aspectos positivos da IoT no Brasil: benefícios econômicos estatais e empresariais

A internet das coisas tem sido encarada com otimismo por setores da indústria, podendo vir a se tornar um importante elemento econômico nas próximas décadas. A estimativa de impacto econômico global vinculado ao cenário de IoT corresponde a mais de US$ 11 trilhões em 2025.[189] São previstos cerca de 100 bilhões de dispositivos inteligentes conectados até lá.[190]

Em pesquisa realizada pela consultoria Accenture, calcula-se que "a participação da economia digital no PIB do Brasil saltará dos atuais 21,3% para 24,3% em 2020 e valerá US$ 446 bilhões (R$ 1,83 trilhão)". Segundo especialistas ouvidos pela BBC Brasil, conforme consta na mesma matéria:

> [O] país se saiu bem na redução de desigualdade social na última década, mas precisa investir mais em educação e inovação para obter ganhos em produtividade e geração de empregos nesta nova economia: "O grande desafio à frente é manter os avanços sociais e estimular o aumento da produtividade", afirmou Alicia Bárcena, secretária-executiva da Cepal (Comissão Econômica para América Latina e Caribe), órgão ligado à ONU.[191]

---

[189] ROSE, Karen; ELDRIDGE, Scott; CHAPIN, Lyman. The internet of things: an overview — understanding the issues and challenges of a more connected world. *The Internet Society*, p. 1, 4, out. 2015.

[190] Ibid., p. 4.

[191] WENTZEL, Marina. Quarta revolução industrial: como o Brasil pode se preparar para a economia do futuro. *BBC Brasil*, jan. 2016.

O Brasil situa-se na posição de número 57 do índice de competitividade mundial (*World Competitiveness Yearbook*) de 2016.[192] Esse é o principal relatório anual sobre a competitividade dos países publicado pelo International Institute for Management Development (IMD) desde 1989. O anuário compara o desempenho de 63 países baseando-se em mais de 340 critérios que medem diferentes aspectos da competitividade.[193] Quanto ao índice global de inovação, o país está na posição de número 69.[194] Esse indicador mede o nível de inovação de cada país e é resultado de uma colaboração entre a Universidade Cornell, a Insead e a Organização Mundial de Propriedade Intelectual (Wipo). O índice global de inovação é parte de uma grande pesquisa que apresenta, por exemplo, os resultados das empresas, bem como a habilidade do governo de encorajar e suportar inovação por meio de políticas públicas.

Ou seja, tanto no aspecto de competitividade quanto no de inovação, seja por via pública ou privada, o Brasil deixa a desejar. Fato é que a economia do país tem potencial para se desenvolver caso tenha as estruturas e os incentivos necessários. É justamente nesse contexto que se deve pensar no cenário de hiperconectividade/internet das coisas visando aumentar a produtividade, levar à criação de novos mercados e incentivar a inovação.

A comunidade empresarial brasileira, inclusive, já percebeu o potencial da IoT. "Em recente pesquisa da Accenture com mais de 1.400 executivos C-level de 32 países, os entrevistados brasileiros revelaram

---

[192] THE 2016 IMD World: competitiveness scoreboard. *IMD World Competitiveness Yearbook*, 2016.

[193] Mais informações sobre o índice de competitividade mundial podem ser conferidas no site oficial do International Institute for Management Development: <www.imd.org/wcc/world-competitiveness-center-rankings/world-competitiveness-yearbook-ranking/>. Acesso em: 8 maio 2017.

[194] DUTTA, Soumitra; LANVIN, Bruno; VINCENT-WUNSCH, Sacha (Ed.). *The global innovation index 2016*: winning with global innovation. Ithaca: Cornell University; Fontainebleau: Insead; Genebra: Wipo, 2016.

estar muito conscientes das oportunidades que a IoT pode oferecer".[195] Eles destacaram como os três principais benefícios esperados o aumento na produtividade dos funcionários, o corte de custos e a otimização no uso de seus bens. A melhor experiência dos consumidores também foi elencada como um dos benefícios esperados.[196]

Observa-se no desenvolvimento nacional do setor de serviços — área ligada à IoT — grande potencial, haja vista que o setor de serviços da economia brasileira representa mais de 70% do valor adicionado no país.[197] Este pode e deve ser desenvolvido a partir da IoT, com desdobramentos importantes para o restante da economia.

Em um estudo realizado em 2015, os pesquisadores Mark Purdy, Ladan Davarzani e Armen Ovanessoff, de Harvard, fundamentam na teoria da difusão econômica a base teórica para que o Brasil possa sustentar todo o potencial que o desenvolvimento da IoT é capaz de trazer. Segundo eles, o desafio central do Brasil envolve o que eles chamam de "capacidade nacional de absorção" (CNA):

> Com base em nossa pesquisa sobre épocas anteriores de ruptura tecnológica em entrevistas com especialistas em tecnologia, economia e negócios, identificamos quatro pilares que fundamentam a CNA de um país:
>
> 1) Os *business commons* representam o ambiente de negócios e o conjunto de recursos disponíveis para as empresas realizarem suas operações.
>
> 2) Os fatores de decolagem ajudam a criar massa crítica para a tecnologia se propagar além dos mercados de nicho, chegando a um grupo mais amplo de operadores em diferentes setores.

---

195 PURDY, Mark; DAVARZANI, Ladan; OVANESSOFF, Armen. Como a internet das coisas pode levar à próxima onda de crescimento no Brasil. *Harvard Business Review Brasil*, nov. 2015.

196 ACCENTURE. *From productivity to outcomes*: using the internet of things to drive future business strategies. 2015, p. 8.

197 MOREIRA, Rafael. Em que atividades se concentram as empresas de serviços? *Economia de Serviços*, jun. 2016.

> 3) Os fatores de transferência permitem que uma tecnologia crie raízes muito mais profundas em uma economia — incluindo mudanças mais amplas no comportamento de empresas, consumidores e sociedade.
> 4) O dínamo da inovação entra em ação quando uma tecnologia produz inovação e desenvolvimento autossustentáveis.[198]

Com isso, os autores afirmam que, atualmente, a CNA do Brasil é bastante insatisfatória. Citam, especificamente, a deficiência do capital humano, a baixa infraestrutura (sobretudo de comunicações), a debilidade dos laços da economia brasileira com a economia global e problemas estruturais em políticas de pesquisa e desenvolvimento.

Levanta-se também a hipótese de que não basta para o Brasil apenas investir nos setores de serviços por meio da IoT. Deve haver conjuntamente a essa ação uma série de outras preocupações que envolvam, além da infraestrutura da inovação nacional e da educação, questões jurídicas e técnicas referentes: (1) à interoperabilidade entre as máquinas; (2) à ética na comunicação máquina a máquina (M2M); (3) à ética na utilização de dados pessoais dos usuários; (4) à reavaliação do cenário de desenvolvimento tecnológico nacional (com implicação direta no sistema nacional de registro de patentes e transferência de tecnologia); (5) ao diagnóstico das políticas públicas na seara tecnológica do país.

A Internet Society, em declaração recente, considerou a internet das coisas um fenômeno emergente de grande significado técnico, social e econômico:

> Produtos de consumo, bens duráveis, [...] componentes industriais e de utilidade pública, sensores e outros objetos do cotidiano estão sendo combinados com a conectividade da internet e com capacida-

198 Mark Purdy, Ladan Davarzani e Armen Ovanessoff, "Como a internet das coisas pode levar à próxima onda de crescimento no Brasil", op. cit.

des analíticas de dados poderosas que prometem transformar a forma [como nós vivemos, tanto na esfera social quanto na profissional].[199]

O impacto desse fenômeno vem sendo atrelado ao conceito, ainda em construção, de *quarta revolução industrial*. "As três revoluções industriais anteriores tiveram início nos países desenvolvidos, chegando com atraso ao Brasil."[200] No fim do século XVIII, a primeira revolução foi iniciada, e água e vapor foram empregados para mover máquinas na Inglaterra. A segunda, que teve início na metade do século XIX, veio do emprego de energia elétrica na produção em massa de bens de consumo. A terceira foi iniciada em meados do século passado e diz respeito ao uso da informática. A chamada quarta revolução industrial, por sua vez, teria começado na virada deste século e tem se construído a partir da revolução digital. Ela se caracteriza essencialmente por uma internet ubíqua e móvel, por sensores e dispositivos cada vez mais baratos e menores e pelo desenvolvimento da inteligência artificial.[201]

Exemplos da quarta revolução (associada por vezes ao contexto de *indústria 4.0*)[202] são as fábricas totalmente automatizadas que funcio-

---

[199] Karen Rose, Scott Eldridge e Lyman Chapin, "The internet of things", op. cit., p. 1.

[200] Marina Wentzel, "Quarta revolução industrial", op. cit.

[201] Ibid.

[202] Apesar de comumente associados, os conceitos de indústria 4.0 e quarta revolução industrial são distintos. *Revolução industrial* designa o conjunto de drásticas alterações nos métodos de produção, com constituição de nova infraestrutura e aumento de produtividade num curto período. Até hoje, identificam-se três grandes marcos dessas mudanças na indústria, inicialmente a partir de sistemas físicos (primeira e segunda revoluções), chegando aos sistemas cibernéticos (terceira revolução). O momento seguinte, a quarta revolução industrial, prevê a criação de sistemas físico-cibernéticos (*ciber-physical systems*), utilizando, para isso, a internet das coisas. Essa interação contínua entre dispositivos conectados e entre eles e os indivíduos promete ter grande impacto na quantidade e nos tipos de dados disponíveis, permitindo a criação de diferentes modelos de negócio *data-driven*. A indústria 4.0, por sua vez, tem origem na estratégia industrial do governo alemão a ser desenvolvida até 2020, que alia tecnologia aos meios de produção. Trata-se de manifestação da terceira revolução industrial, com evidentes implicações para a quarta. O modelo se funda em seis princípios: capacidade de operação em tempo real, virtualização, descentralização, orientação à prestação de

nam sem a interferência direta do homem. Todavia, a quarta revolução se configura além disso — das máquinas inteligentes e conectadas —, implicando também a fusão dos mais diversos tipos de tecnologias, em seus domínios tanto físicos quanto digitais.[203] Nessa revolução, a inovação prolifera de forma muito mais rápida entre os atores com condições de fomentá-la.

Em vista disso, pesquisadores alertam para dois fatores capazes de limitar os potenciais da nova revolução: (1) é necessário repensar os sistemas econômicos, sociais e políticos para responder aos desafios que a indústria 4.0 impõe, visto que não há ainda uma diretriz institucional — tanto no nível nacional quanto no global — que norteie a forma de governar a difusão da inovação; (2) inexiste uma narrativa consistente, positiva e comum que destaque as oportunidades e desafios da quarta revolução, narrativa esta essencial para empoderar indivíduos e comunidades, com o intuito de evitar reações prejudiciais às mudanças que estão a caminho e potencializar os efeitos positivos de inovação e desenvolvimento.[204]

A literatura recente tem apontado para o fato de que inovações tecnológicas e organizacionais estão surgindo juntas, de tal forma que levantam a esperança de uma "renascença" da atividade industrial nos países da Organização para a Cooperação e Desenvolvimento Econômico (OCDE).[205] Em particular, mídias sociais e máquinas capazes de fabricar pequenas quantidades de produtos de design a baixos custos têm trazido para o mercado uma camada de novas empresas inovadoras que têm o potencial de preencher os gargalos que foram abertos durante a grande recessão.

---

serviços, interoperabilidade e modularidade. Dessa forma, a quarta revolução marca novo momento na história da produção industrial no mundo, ao passo que a indústria 4.0 sinaliza a fase de transição entre os paradigmas industriais. Por tais razões, os dois conceitos, apesar de intimamente ligados, têm distinções.

[203] SCHWAB, Klaus. *The fourth industrial revolution*. Genebra: World Economic Forum, 2016. p. 14.

[204] Ibid., p. 15.

[205] NORDÅS, Hildegunn Kyvik; KIM, Yunhee. The role of services for competitiveness in manufacturing. *OECD Trade Policy Papers*, n. 148, p. 4, 2013.

Estudos têm identificado as relações entre a competitividade do setor industrial e a qualidade de serviços-chave de suporte. Nordås e Kim, por exemplo, observaram que, em países de baixa renda, o impacto da qualidade dos serviços e das políticas na competitividade é maior nas indústrias de baixa tecnologia; nos países de renda média, é maior nos setores de média tecnologia; em países de alta renda, é maior em indústrias de média e alta tecnologia.[206]

Jorge Arbache defende:

> A agenda dos serviços está ganhando relevância em razão da sua crescente importância para explicar o desempenho das empresas, o tipo de participação dos países nas cadeias globais de valor e o crescimento sustentado. O principal canal de transmissão entre a indústria e os serviços são as mudanças que ocorrem na natureza dos bens manufaturados, que estão se combinando com os serviços através de uma relação cada vez mais sinérgica e simbiótica para formar um terceiro produto, que nem é um bem industrial tradicional, nem tampouco um serviço convencional.[207]

À medida que as coisas se tornam conectadas, podendo oferecer dados sobre seu uso efetivo pelos clientes-alvo, novos modelos de negócios, novos serviços e novos produtos tenderão a aparecer e neles haverá uma forte ligação entre serviço e produto, mudando substancialmente a relação entre produtor e consumidor. Nessa linha de raciocínio, "integrar os serviços ao núcleo das políticas industriais, tecnológicas, comerciais e de investimentos parece ser uma providência fundamental para elevar a competitividade industrial".[208]

O poder público demonstra já estar atento aos benefícios da IoT, entendendo que esta surge como importante ferramenta voltada para os desafios da gestão pública, prometendo, a partir do uso de tecnolo-

---

[206] Ibid., p. 5.
[207] ARBACHE, Jorge. *Serviços e competitividade industrial no Brasil*. Brasília: CNI, 2014. p. 9.
[208] Ibid., p. 12.

gias integradas e do processamento massivo de dados, soluções mais eficazes para problemas como poluição, congestionamentos, criminalidade, eficiência produtiva, entre outros. Já existem exemplos de aplicações de IoT pelo país, e essas experiências tendem a aumentar.

Pela perspectiva federal, o poder público brasileiro, por meio de iniciativas do Ministério das Cidades e do Ministério de Ciências, Tecnologias, Inovações e Comunicações (MCTIC), já planeja a criação de planos nacionais que envolvem a internet das coisas.

O primeiro deles foi proposto pelo Ministério das Cidades e prevê a criação de um projeto-piloto de IoT no país, chamado Sistema Nacional de Identificação Automática de Veículos (Siniav).[209] O programa consiste na instalação de tags em veículos nacionais e importados com o intuito de permitir sua identificação por radiofrequência, facilitando a prevenção, a fiscalização e a repressão quanto a roubo e furto de veículos e de cargas.[210-211]

Outro plano proposto pelo MCTIC, em parceria com o BNDES, tem um objetivo mais ambicioso. Procurar-se-á definir as medidas a serem tomadas pelo país para que essa tecnologia seja promovida como um modelo de desenvolvimento de setores como o automobilístico, o agropecuário e o urbanístico. Em 2017 o governo brasileiro deu início a uma série de atividades voltadas para esse tema, incluindo grupos de trabalho e consultas públicas,[212] visando propor políticas

---

209 GOVERNO adia, mais uma vez, megapiloto de internet das coisas no país. *TI Rio*, jun. 2015.

210 LEITÃO, Thais. Sistema de identificação automática de veículos entrará em funcionamento em janeiro. *EBC*, out. 2012.

211 Os chips deverão ser instalados numa frota estimada em 50 milhões de automóveis ativos, e o processo de identificação por radiofrequência ocorrerá por meio de dispositivo de identificação eletrônico instalado no veículo, antenas leitoras, centrais de processamento e sistemas informatizados de monitoramento.

212 É importante ressaltar que, atualmente, está aberta a primeira consulta pública sobre o Plano Nacional de Internet das Coisas. Espera-se que ainda neste ano de 2018 o governo federal apresente a versão final do projeto. Inclusive, o consórcio que inclui o CPqD e a consultoria McKinsey já apresentou uma consulta pública ao MCTIC, uma proposta de estudo para oferecer os primeiros subsídios ao Plano Nacional de Internet das Coisas.

e uma regulação para a internet das coisas. A importância desse tipo de atividade está no desenvolvimento de um conjunto de leis que seja capaz de atender à inovação, característica da IoT, ao mesmo tempo que logra proteger direitos fundamentais.

Cabe ressaltar, ainda, que existe uma série de projetos federais no âmbito da infraestrutura de internet. Esses programas objetivam ampliar a malha de fibra óptica brasileira, aumentando a qualidade do serviço de internet que é oferecido. Embora tais projetos não sejam diretamente relacionados ao desenvolvimento e à aplicação da internet das coisas, sem a infraestrutura adequada os objetos inseridos no contexto da IoT não exercerão impacto significativo na eficiência dos serviços nos setores público e privado.

Em relação aos planos de infraestrutura, é necessário destacar o programa Brasil Inteligente,[213] que tem por objetivo levar conexão de banda larga a 95% da população, universalizando o acesso à internet no país. O programa é coordenado pelo MCTIC e tem três iniciativas básicas: Minha Escola Mais Inteligente; Cidades Inteligentes; Fundo Garantidor para Provedores Regionais.

O projeto Minha Escola Mais Inteligente é desenvolvido pela Eletrobras em parceria com o MCTIC. No entanto, ele permanece em fase de testes em Brasília e na Bahia. Seu objetivo é levar redes de fibra óptica a 30 mil escolas, elevando a velocidade dos acessos dos atuais 2 Mbps para 78 Mbps. A escolha das escolas se dará com base no menor índice de avaliação e no menor custo de implantação da rede.

Outro programa interessante é a plataforma Estrutura Aberta de Tecnologias para Internet das Coisas e suas Aplicações,[214] que avalia, atualmente, 172 projetos de municípios interessados em implantar o uso da rede de fibras ópticas e soluções tecnológicas. Seu objetivo é modernizar as gestões municipais.

[213] Criado por meio do Decreto nº 8.776/2016, representa uma nova fase do Programa Nacional de Banda Larga.

[214] Lançada em 2016 como parte do programa Cidades Inteligentes.

Na perspectiva de governos estaduais, é necessário ressaltar as iniciativas de São Paulo, Pernambuco, Paraná, Espírito Santo e Rio Grande do Sul, que implementaram tecnologias no âmbito da IoT como forma de aprimorar os serviços públicos oferecidos.[215]

Destacam-se as iniciativas de utilização da IoT na área de segurança pública realizadas em alguns desses locais. Em Recife (PE), por exemplo, está se desenvolvendo um dispositivo que tem capacidade de captar sons, ajudando na comunicação de arrombamentos, disparo de armas e até quedas de pacientes em hospitais.[216] Em Vitória (ES), o "botão do pânico" foi desenvolvido como forma de proteger as vítimas de violência doméstica, sendo esse um dos aplicativos utilizados no escopo da IoT.[217] Em São Bernardo do Campo (SP), inaugurou-se o Centro Integrado de Monitoramento (CIM), um sistema com 400 câmeras instaladas em áreas estratégicas, que transmitem imagens em tempo real durante as 24 horas do dia.[218-219]

No setor privado, por sua vez, o entusiasmo com o potencial econômico da IoT vem dando margem a um forte investimento nessa área, tal como é percebido no *setor industrial de IoT* ou *internet das*

---

[215] O governo do Paraná decidiu investir em três áreas (água, luz e gás), criando redes inteligentes de energia elétrica, que vão reduzir o número e o tempo dos desligamentos na rede elétrica, medir o consumo de energia, água e gás a distância e descentralizar a geração de energia. Em teste na Grande São Paulo, está sendo implementado o sistema chamado Detecção e Vazamento de Água Potável (DVAP). O DVAP trabalha com três indicadores — pressão, vazão e ruído — para identificar mais precisamente onde está o problema. No setor de mobilidade urbana, em Curitiba, estão sendo instalados painéis eletrônicos nos pontos de ônibus, com horários de chegada. Em Porto Alegre (RS), sensores distribuídos pela cidade captam informações para monitorar os ônibus por GPS.

[216] MICROFONE detecta arrombamentos e disparos de armas. *Portal Brasil*, abr. 2014.

[217] ALMEIDA, Kamila. Projeto pioneiro no Brasil, botão de pânico ajuda a reduzir violência no ES. *ZH Notícias*, abr. 2013. SMITH IV, Jack. Press this button and something will happen on the internet. *Observer*, jan. 2015.

[218] DORADOR, Marcelo. Inauguração do Centro Integrado de Monitoramento em SBC. *ABC do ABC*, 2 abr. 2014.

[219] Sobre o tema de *smart cities*, ver: PRADO, Eduardo. A internet das coisas terá um papel fundamental nas cidades inteligentes. *Convergência Digital*, abr. 2015. Ver também: "Microfone detecta arrombamentos e disparos de armas", op. cit; Kamila Almeida, "Projeto pioneiro no Brasil, botão de pânico ajuda a reduzir violência no ES", op. cit.

coisas industriais, voltado para soluções de escala macro, como cidades inteligentes, rastreamento de carga, agricultura de precisão e gerenciamento de energia e ativos. A IBM, por exemplo, não só investiu US$ 3 bilhões em seu negócio de IoT,[220] como também fez uma parceria com a AT&T[221] para fornecer soluções de IoT industriais em uma série de questões, desde a eficiência energética até serviços de saúde.[222]

Essas novas frentes de investimento em IoT decorrem das perspectivas de lucro positivo do setor. Somente a título de exemplo, cabe ressaltar a pesquisa recente realizada pela Cisco que "estima que a internet das coisas pode adicionar 352 bilhões de dólares à economia brasileira até o final de 2022".[223] Devido a previsões como essa, diversas empresas estão investindo mais em tecnologias de IoT, desenvolvendo iniciativas concretas em diversos setores.

Em relação às áreas em que essas tecnologias são empregadas, de 640 projetos de IoT anunciados, 22% são voltados para o ambiente da indústria conectada, 20% para cidades inteligentes e 13% para o setor de energia e para carros conectados. A região que concentra a maior aplicação desse tipo de tecnologia é a americana, seguida pela Europa e, por fim, pela Ásia e pela Oceania. É interessante notar, contudo, que em todos os campos de aplicação desses dispositivos se observa um crescimento no uso da tecnologia de IoT.[224]

---

220 BASSI, Silvia. IBM transforma internet das coisas em investimento estratégico bilionário. *Computer World*, ago. 2015. Ver também relatório da Strategy Analytics disponível em: <www.strategyanalytics.com/>. Acesso em: 28 abr. 2017.

221 SLOWEY, Lynne. AT&T and IBM partner for analytics with Watson. *IBM*, mar. 2017.

222 Outras empresas, como a plataforma Watson IoT, combinam um ambiente de desenvolvimento e produção baseado em nuvem para aplicativos, software e serviços personalizados para indústrias específicas, além de análises cognitivas.

223 DREHER, Felipe. IoT pode agregar US$ 352 bilhões à economia brasileira até 2022. *Computer World*, jun. 2015.

224 Os dados foram coletados a partir da tabela IoT Analytics disponível em: <https://iot-analytics.com/wp/wp-content/uploads/2016/08/List-of-640-IoT-projects-min.png>. Acesso em: 25 jan. 2017.

No entanto, o investimento em IoT realizado por essas empresas pode não ser tão vantajoso se elas pretenderem expandir seus negócios. Nesse cenário, os custos de pagamento de *royalties* relacionados à propriedade intelectual e aos desafios de interoperabilidade passam a ser levados em conta, o que pode diminuir a margem de lucro.

Essas dificuldades explicam por que algumas empresas se aglomeram em *clusters*, formando alianças e consórcios em torno de questões de IoT. Tais junções têm por objetivo potencializar os benefícios da IoT de forma a gerar uma estrutura única, segura, aberta e interoperável entre os produtos e serviços dessa tecnologia. Entre os *clusters* do setor, cabe destacar o Open Interconnect Consortium (OIC) e o AllSeen Alliance.

O OIC objetiva criar um novo padrão pelo qual bilhões de dispositivos, com e sem fio, se conectarão uns aos outros e à internet por meio de uma arquitetura extensível. Em outras palavras, o OIC objetiva desenvolver padrões e certificações para dispositivos relacionados à IoT. Em 2014, ano de sua criação, o grupo era formado pelas empresas Intel, Broadcom e Samsung Electronics. Em 2016, a OIC mudou seu nome para Open Connectivity Foundation e adicionou Microsoft, Qualcomm e Electrolux aos seus integrantes. Ser membro da OIC permite que as empresas se beneficiem de proteção de patentes de licenciamento cruzado.

Outra importante aliança de IoT, a AllSeen Alliance, que fornece a estrutura de IoT de código aberto AllJoyn, recentemente se fundiu com a Open Connectivity Foundation,[225] que patrocina o projeto *open source* da IoTivity.[226] A parceria tem o intuito de promover a interoperabilidade entre dispositivos conectados de ambos os grupos, permitindo um maior potencial operacional de IoT e expandindo o ecossistema de produtos conectados.

---

[225] ALLSEEN Alliance merges with open connectivity foundation to accelerate the internet of things. *Allseen Alliance*, Beaverton, out. 2016.

[226] A fusão terá a liderança das empresas AB Electrolux, Arçelik AS, Arris International plc, CableLabs, Canon, Inc., Cisco Systems, Inc., GE Digital, Haier, Intel, LG Electronics, Microsoft, Qualcomm, Samsung Electronics e Technicolor S.A.

No âmbito internacional, algumas iniciativas relacionadas à IoT e sua utilização nos setores de transporte, agropecuária e pesquisa também merecem destaque.

No aeroporto de Düsseldorf, na Alemanha, por exemplo, para garantir maior conforto aos passageiros e eficiência na prestação dos serviços, um robô manobrista desempenha a função de encontrar e estacionar os veículos que chegam ao local. O robô realiza uma análise a *laser* que determina o tamanho e a forma do carro para, em seguida, efetuar o reboque e o armazenamento do veículo em uma vaga ideal. Além disso, o computador calcula e acompanha os detalhes do voo de volta do cliente para se programar e entregar o carro assim que o avião pousar.[227]

Cabe ressaltar, ainda no transporte aéreo, que outros aeroportos adotam a IoT em sistemas de reconhecimento facial para monitorar os movimentos dos passageiros dentro dos terminais, o que torna a passagem pelo controle de passaporte mais rápida.[228]

No setor agropecuário, as fazendas Tom Farms, nos Estados Unidos, desenvolvem atividade agrícola em escala industrial com ajuda da IoT.[229] Sensores nas colheitadeiras, serviços de GPS, tratores que se locomovem sozinhos e aplicativos que organizam a irrigação são exemplos de como a tecnologia é empregada.

Outros exemplos desse setor também podem ser observados na Itália, onde *startups* como a Omicafarm utilizam aplicações de IoT para acompanhar o desenvolvimento da cultura.[230] A tecnologia é capaz de localizar rapidamente áreas com água parada, definir processos de irrigação mais eficientes, identificar regiões com variação de biomassa,

[227] MCCARTNEY, Scott. Viajante já pode testar aeroporto do futuro. *The Wall Street Journal*, jul. 2015.

[228] Ibid.

[229] ORO, David. Bytes and bushels: farming on an industrial scale. *IoT Central*, set. 2015. HARDY, Quentin. Working the land and the data. *The New York Times*, Nova York, nov. 2014. LOHR, Steve. The internet of things and the future of farming. *Bits*, ago. 2015.

[230] PRECISION farming to control irrigation and improve fertilization strategies on corn crops. *Libelium*, set. 2016.

verificar informações como grau de radiação solar, temperatura do solo, pressão atmosférica e umidade relativa do ar.

Na pecuária, *startups* como a Smartbell também empregam a tecnologia de IoT para monitorar vacas e detectar sua fertilidade.[231] Esse tipo de monitoramento permite a identificação do momento mais adequado para a procriação.

No setor automotivo, um dos casos mais famosos de implementação da IoT é o dos carros da Tesla Motors.[232] Por meio deles, é possível conectar veículos a smartphones e verificar a bateria, localizar-se por GPS, controlar o sistema de aclimatação, entre outras funcionalidades.

No campo da pesquisa, devem-se destacar duas parcerias que objetivam ampliar e estudar o potencial da internet das coisas. A primeira, realizada pela Huawei e pela PUC do Rio Grande do Sul, propõe criar um novo sistema de iluminação pública, em que a tecnologia de IoT determinaria quando a luminária está queimada ou perto de queimar.[233] A segunda foi a criação do projeto Inatel Smart Campus, que tem por objetivo pesquisar e demonstrar projetos de IoT.[234] A expectativa é que o projeto seja capaz de criar uma rede de conectividade em que as tecnologias relacionadas à IoT possam conversar entre si. Algumas aplicações já são desenvolvidas nesse projeto, tal como o sistema de iluminação inteligente.

O Campus está estruturado em mais duas frentes: (1) o *IoT lab*, voltado para alunos que desejam começar a testar projetos e aplicações com IoT, e (2) a *smart house*, uma casa inteligente para a demonstração dos projetos.

Esses exemplos denotam, em maior ou menor grau, o impacto da IoT no desenvolvimento de modelos de negócio bem-sucedidos no se-

---

[231] BYRNE, Michael. The internet of cows is real. *Motherboard*, abr. 2016. MILES, Stuart. Internet of cows is now a thing as UK start-up creates cow tracking app. *Pocket-lint*, fev. 2016.

[232] BRISBOURNE, Alex. Tesla's over-the-air fix: best example yet of the internet of things? *Wired*, [201-]. THE TESLA IOT CAR: case study. *MITCNC Blog*, ago. 2014.

[233] HUAWEI E PUCRS abrem centro de inovação com foco em cidades inteligentes e IoT. *IT Forum*, abr. 2016.

[234] UM CAMPUS aberto à pesquisa e testes para mercado de IoT. *Inatel*, set. 2016.

tor privado e algumas soluções inovadoras para problemas no setor público. É importante, no entanto, que ambos os setores tenham a clareza de que a tecnologia de IoT ainda é um mercado recente a ser explorado e devidamente regulamentado, necessitando ser promovido por ações político-econômicas capazes de ampliar o crescimento econômico e o desenvolvimento nacional.

4. Aspectos negativos da IoT: reflexões críticas ao fenômeno

A internet foi projetada para resistir a uma explosão nuclear.
Mas não a um ataque de torradeiras.[235]

A expansão e o aperfeiçoamento da internet das coisas nos trazem diversos benefícios, tais como as facilidades em ter todas as nossas informações conectadas umas às outras, nos dando pronto acesso aos serviços de que necessitamos e nos proporcionando mais comodidade. Segundo Philip Howard, professor de comunicação e escritor, por meio desse fenômeno daremos início a uma era chamada por ele de *pax technica*.[236]

Segundo sua teoria, os atuais sistemas de governo soberanos darão lugar a "sociotecnocracias" baseadas em intensivos informes sobre os dados relativos a nossos comportamentos, hábitos e crenças, os quais serão transmitidos por meio de dispositivos, como smartphones, tablets, *smart TVs*. Para Philip, não precisaremos mais expressar nossas crenças e valores, visto que nossos dados comportamentais já farão isso por nós.[237]

No entanto, essa interconectividade pode acarretar uma vasta gama de problemas e questões discutíveis, entre as quais as fragilidades em relação à privacidade e à segurança dos usuários. Como proceder em um contexto dependente da tecnologia se ela está vulnerável a

---

235 Frase adaptada da fala de Jeff Jarmoc. No original: "*In a relatively short time we've taken a system built to resist destruction by nuclear weapons and made it vulnerable to toasters*". Ver: <https://twitter.com/jjarmoc/status/789637654711267328?lang=pt>. Acesso em: 3 abr. 2017.

236 HOWARD, Philip. *Pax technica*. New Haven: Yale University Press, 2015.

237 Ibid.

interferências? Qual deve ser o papel do Estado e das empresas fornecedoras desses serviços?

Com o crescimento exponencial do universo digital, haverá um aumento na produção e no tratamento de dados, o que impactará profundamente a relação entre consumidores, máquinas e empresas. Alguns desafios quanto à segurança de dados no contexto da IoT já vêm sendo debatidos e alardeados por especialistas.[238] O ritmo no qual as tecnologias, sobretudo no âmbito da IoT, estão avançando é acelerado, e, até o momento, as empresas não conseguiram garantir suficientemente a segurança e a privacidade dos dados com a mesma velocidade e empenho com que vêm desenvolvendo os dispositivos de IoT.

Em relação à segurança dos dados, ainda não há um consenso entre os fabricantes de produtos de IoT. Os próprios desenvolvedores ainda não têm uma noção completa do que é realmente necessário em termos de segurança. A fórmula indicada é continuar com a prática de testes de vulnerabilidade em softwares e sistemas, além de conscientizar os usuários da importância de sempre manter seus dispositivos atualizados com as ferramentas de segurança acessíveis.

O desafio da segurança de dados no cenário de IoT também envolve dar enfoque a questões como gestão de armazenamento, servidores e redes de *data center*, bem como à responsabilidade de cada empresa que opere nessa cadeia de produtos e serviços. Isso decorre do crescimento da quantidade dos dispositivos conectados, o que aumenta o volume de dados capturados e de operadores que atuam nessa cadeia econômica.

Tendo em vista que a IoT abrange diversos setores, alguns delicados, como saúde e meio ambiente, isso nos faz crer que deverão surgir novos desafios de segurança envolvendo o grande fluxo de dados, sendo necessário acompanhar a complexidade da segurança no tratamento de *big data*.

Pesquisas recentes sobre o tema demonstram graves falhas de segurança em aparelhos ligados à IoT. A HP Security Research detectou

---

[238] DONEDA, Danilo; ALMEIDA, Virgilio; MONTEIRO, Marília. Governance challenges for the internet of things. *IEE Computer Society*, v. 19, n. 4, p. 56-59, 2015.

que 70% dos dispositivos têm falhas de segurança, estando propensos a ataques de hackers.[239] Os principais problemas encontrados foram os de privacidade, autorizações insuficientes, falta de criptografia no transporte de dados, interface web insegura e softwares de proteção inadequados.

Na indústria automobilística, por exemplo, o crescente uso da tecnologia nos automóveis e sua integração com outros dispositivos nos trazem benefícios. O GPS, o controle por voz, o sistema de câmeras, entre outros avanços, são de grande utilidade em nosso dia a dia. Por outro lado, essa tendência de automatização deixa-os mais suscetíveis à interferência de hackers.

As possibilidades de hackeamento de veículos são múltiplas. Pode ocorrer de forma geral ou direcionada (com acesso interno ou remoto), em milhares de automóveis ou apenas em um determinado, podendo também ser direcionado a sistemas específicos destes. De certa forma, essa é uma questão bem mais problemática do que o hackeamento de smartphones, por exemplo. Nesse caso, não estão em risco apenas as informações pessoais do motorista (rotas utilizadas, velocidade média, estações de rádio acessadas etc.), mas também sua vida e a do passageiro. Em outras palavras, em um carro hackeado o motorista pode perder toda a sua autonomia sobre o automóvel — seus comandos não serão mais aceitos.

Recentemente, hackers norte-americanos encontraram uma falha na tecnologia Uconnect, que consiste em um sistema conectado à internet presente em milhares de carros da marca Fiat Chrysler.[240] Os hackers conseguiram acessar o sistema operacional dos automóveis por meio de um chip central dos veículos, o que lhes dá acesso ao computador interno do carro, permitindo a interferência até em suas partes mecânicas, como freio e aceleradores.

---

239 HEWLETT-PACKARD COMPANY. *Internet of things research study report*, jul. 2014.

240 DE LONGE, hackers "invadem" e controlam carro com jornalista dentro. *G1*, São Paulo, 22 jul. 2017.

Outras áreas também apresentam graves ameaças ao consumidor. Alguns casos podem ser citados, como o das *smart TVs*. O analista David Jacoby, da Kaspersky Lab, testou alguns aparelhos domésticos e detectou falhas que permitiam o acesso remoto às televisões.[241] Isso se tornou mais preocupante desde a descoberta de que as *smart TVs* da Samsung capturavam as conversas pessoais dos usuários utilizando sua funcionalidade de ativação por voz e coletavam o histórico de programas assistidos, tudo isso sem a permissão do consumidor.[242]

Em uma escala maior de impacto, é necessário explicitar os ataques de hackers que ocorreram em outubro de 2016 e janeiro de 2017. O primeiro caso atingiu grandes sites, como Netflix, Spotify e PayPal, os quais ficaram fora do ar em consequência de ataques DDoS. O alvo dessa investida foi o Dyn (sigla para DNS dinâmico), companhia que controla boa parte dos domínios da internet.[243] Os hackers fizeram um ataque coordenado que consiste na sobrecarga da largura da banda de determinado site até que os recursos dele se esgotem, adotando técnicas para enviar pedidos de pacotes em volume muito maior do que o normal. Nesse tipo de ataque, os servidores ficam instáveis ou mesmo inacessíveis por não conseguirem responder a tantas requisições maliciosas.[244] O segundo caso ocorreu poucos dias antes da posse do presidente Donald Trump na capital americana e fez uso de um código malicioso denominado *ransomware*. Esse código, que torna inacessíveis as informações de determinado equipamento,[245] impossibilitou o acesso aos dados das câmeras da polícia de Washington entre os dias 12 e 15 de janeiro.[246]

---

[241] JACOBY, David. Pesquisa: como hackeei minha casa. *Kaspersky Lab*, 22 ago. 2014.

[242] SAMSUNG adverte: cuidado com o que você diz em frente a sua TV inteligente. *O Globo*, 9 fev. 2015.

[243] LOVELACE JR., Berkeley; VIELMA, Antonio José. Friday's third cyberattack on Dyn "has been resolved", company says. *CNBC*, 21 out. 2016.

[244] PAYÃO, Felipe. Quebrando a internet: estamos sofrendo o maior ataque DDoS da história. *Tecmundo*, 21 out. 2016.

[245] CENTRO DE ESTUDOS, RESPOSTA E TRATAMENTO DE INCIDENTES DE SEGURANÇA NO BRASIL. *Cartilha de segurança para internet*, 4 jun. 2012.

[246] WILLIAMS, Clarence. Hackers hit D.C. police closed-circuit camera network, city officials disclose. *The Washington Post*, 27 jan. 2017.

O fato assumiu grandes proporções, pois muitos dispositivos de IoT — como câmeras de segurança — foram utilizados para chegar ao servidor DNS Dyn.[247] Os hackers se aproveitaram da baixa segurança desses dispositivos para infectá-los com o *malware botnet*. Quanto mais dispositivos afetados, maiores os danos ao servidor. Após o evento, inúmeros sites apontaram a vulnerabilidade da IoT como verdadeira ameaça à manutenção da internet e reclamaram providências para proteger melhor os dispositivos.[248]

Para o teórico Scott R. Peppet, os objetos de IoT são mais suscetíveis a falhas na segurança e invasões de hackers por três motivos.[249] O primeiro seria um problema de caráter estritamente de conhecimento técnico, já que boa parte das empresas que pretendem atuar no cenário de IoT não é especializada no desenvolvimento de softwares ou hardwares de alto nível, mas sim na produção de bens de consumo relativamente comuns no mercado. Para o autor, isso poderia significar que os engenheiros envolvidos com os projetos desses produtos fossem inexperientes na elaboração de sistemas de segurança de alto nível.

O segundo seria que esses tipos de objetos geralmente têm uma forma compacta, o que dificulta que eles tenham a capacidade de processamento necessária para um sistema de segurança de dados eficiente. Além disso, alguns objetos inseridos no cenário de internet das coisas por vezes têm um tamanho tão reduzido que sua bateria não é suficiente para processar sistemas de segurança de dados complexos.

O terceiro seria que grande parte dos objetos de IoT não é desenvolvida com o intuito de ser atualizada frequentemente para aprimorar seus sistemas de segurança de dados.

Além dos riscos concernentes à segurança, é possível ainda, no cenário de IoT, refletir sobre potenciais ameaças à proteção de dados pessoais.

---

[247] DNS Dyn ou dinâmico (DDNS) é um método para atualizar automaticamente um servidor de nomes no Domain Name System (DNS).

[248] DDOS attack that disrupted internet was largest of its kind in history, experts say. *The Guardian*, out. 2016.

[249] PEPPET, Scott R. Regulating the internet of things: first steps toward managing discrimination, privacy, security, and consent. *Texas Law Review*, v. 93, p. 117-120, 2014.

Jan Ziegeldorf, Oscar Morchon e Klaus Wehrle identificam ameaças relacionadas a diferentes fases de utilização da tecnologia,[250] sendo estas as fases de coleta, processamento e disseminação das informações.[251]

O primeiro risco seria o da *identificação*, isto é, da associação de um conjunto específico de dados à identidade de alguém. Essa ameaça estaria mais presente na fase de processamento das informações, mas pode ocorrer também durante outras etapas do ciclo da tecnologia. Para os autores, as tecnologias inseridas no contexto da IoT seriam mais sujeitas a esse risco devido às possibilidades de identificação facial e por meio das digitais do indivíduo.

Sobre a identificação facial, uma interessante e controversa iniciativa para chamar a atenção para a vulnerabilidade de dispositivos de IoT é a plataforma Insecam. No site <www.insecam.org>, o usuário tem acesso imediato a milhares de câmeras de diferentes países conectadas à internet, invadidas apenas por possuírem senhas-padrão. A ideia do site, no entanto, é criar um alerta para a privacidade online e a importância de mudar as senhas a partir da exposição não autorizada dessas imagens.[252] Há filmagens de pessoas assistindo a TVs em salas de estar, crianças dormindo em suas camas, bem como imagens de garagens, bairros, escritórios de empresas, entre outras.

O site tem imagens abertas, e em tempo real, de 11 mil câmeras nos EUA, cerca de 2.500 no Reino Unido, seis na Tanzânia e outras em todo o mundo. Não somente os locais dessas câmeras são indicados, como também os marcadores de latitude e longitude e um link para o Google Maps de onde se encontra a casa ou o estabelecimento.

---

[250] ZIEGELDORF, Jan; MORCHON, Oscar. WEHRLE, Klaus. Privacy in the internet of things: threats and challenges. *Security and Communication Networks*, v. 7, n. 12, p. 2728-2742, 2013.

[251] Na coleta, ocorre a obtenção de dados do usuário. No processamento, há a compilação das informações de localização do usuário. Por fim, na disseminação dá-se o compartilhamento de determinados dados.

[252] Empresas de câmeras de segurança bem conhecidas, como a Foscam, a Linksys e a Panasonic, pré-programam logins e senhas simples para seus usuários durante a configuração inicial dos produtos e deixam a opção de os próprios usuários redefinirem suas senhas posteriormente, mas sem informá-los da importância disso.

Ademais, há de se ressaltar o fato de que as empresas, durante anos, transmitiram aos usuários a confiança de que seus dados estariam seguros com o uso de ferramentas de anonimização. No entanto, cientistas vêm demonstrando ao longo dos últimos 15 anos a facilidade de reidentificar dados anonimizados.[253]

Peppet observa que um dos principais problemas de privacidade nos produtos inseridos no cenário de IoT seria a ilusão da anonimização.[254] É bem verdade que a problemática da falsa anonimidade dos dados não é um problema exclusivo desse tipo de tecnologia, estando presente na maior parte dos serviços e produtos de que os indivíduos fazem uso cotidianamente. O teórico Paul Ohm, ao tratar dos riscos para a privacidade, já criticava o fato de se acreditar piamente na anonimização dos dados.[255]

Ainda que um dado tenha sido suprimido para garantir a privacidade do usuário, um adversário (como é chamado na literatura científica) pode reidentificá-lo (ou desanonimizá-lo) por meio do cruzamento de outras informações sobre o usuário disponíveis na rede. Isso pode, inclusive, acarretar a descoberta da identidade real da pessoa.[256] Nas palavras de Ohm:

> A reconfiguração fácil representa uma mudança radical não apenas na tecnologia, mas também em nossa compreensão da privacidade. Ela enfraquece décadas de suposições sobre a anonimização robusta, suposições que traçaram o curso para relações de negócios, escolhas individuais e regulações governamentais.[257]

No contexto da IoT, Peppet argumenta que, embora os dados coletados pelos sensores sejam considerados esparsos, a reidentificação

---

[253] OHM, Paul. Broken promises of privacy: responding to the surprising failure of anonymization. *UCLA Law Review*, v. 57, p. 6, 2010.

[254] Scott R. Peppet, "Regulating the internet of things", op. cit.

[255] Paul Ohm, "Broken promises of privacy", op. cit., p. 1701-1737.

[256] Ibid.

[257] Ibid.

ainda seria possível. Isso ocorre porque os sensores podem captar uma multiplicidade de informações de forma tão rica, correlacionando diferentes tipos de dados, que cada indivíduo possui uma espécie de "marca" que o diferencia dos outros usuários.

O segundo risco é o de *rastreamento*, que permite identificar a localização de um indivíduo em determinados espaço e tempo. O acesso ao conteúdo seria mais comum no processamento, tendo em vista que é nessa fase que as informações de localização do usuário são compiladas sem que ele tenha o controle.

Ainda para Jan Ziegeldorf, Oscar Morchon e Klaus Wehrle, o principal receio de diversos estudiosos da IoT, quando se está a tratar dessa questão, deve-se ao fato de que os usuários não têm o controle sobre esse tipo de dado. Ele é, muitas vezes, disponibilizado sem seu consentimento, ou a informação é utilizada e combinada com outras de forma inapropriada.[258]

Outro ponto ressaltado pelos autores é o grau de percepção dos usuários em relação à existência desses sensores. Eles explicitam que os objetos inseridos na tecnologia de IoT sofreriam relativas diminuições, dificultando a percepção do usuário sobre eles para saber se sua localização está sendo rastreada ou não.

O terceiro risco refere-se ao *profiling*, o que pode ser explicitado pela criação de dossiês de informações sobre determinado indivíduo com o intuito de efetuar correlações com outras informações e perfis. Esse risco à privacidade aparece na fase de disseminação, quando determinados dados são compartilhados com terceiros ou quando alguma decisão por parte da empresa é realizada de forma errônea.

Para os autores, existe também um risco durante a liberação de informações para indivíduos não autorizados pelo usuário, tal como o denominado *shoulder surfing*.[259] Essa preocupação também é ressaltada por Antonio F. Skarmeta, José Ramos e Victoria Moreno. Uma tecnologia sugerida foi o *fi-ware*, que é um sistema ligado a mecanismos de autori-

[258] Jan Ziegeldorf, Oscar Morchon e Klaus Wehrle, "Privacy in the internet of things", op. cit.

[259] Ibid.

zação e autenticação de dados, o que inclui a criação de um conjunto de atributos e credenciais necessários para ter acesso às informações.

> Ele também inclui uma linguagem de política de tratamento de dados que define como os dados solicitados são manipulados e para quem eles são transmitidos, fornecendo os meios para liberar e verificar esses atributos e credenciais. [...] Também é importante considerar os mecanismos que permitem a proteção de informações baseadas em algoritmos de criptografia dentro do armazenamento seguro.[260]

O quarto risco à privacidade dos usuários pode ocorrer durante as mudanças de controle do *lifecycle* da tecnologia se for liberada alguma informação pessoal do usuário. As transições de *lifecycle* ocorrem devido às informações coletadas e armazenadas; por isso, a ameaça reside no processo de coleta dessas informações. Os autores explicitam que o *lifecycle* da maior parte dos bens tecnológicos atualmente está inserido no modelo "compre uma vez e seja dono para sempre", o que não será tão comum no cenário de internet das coisas. Os objetos inseridos na tecnologia de IoT terão um *lifecycle* bem mais dinâmico, no qual os objetos serão descartados, modificados e emprestados de forma mais flexível.

Os estudiosos Radomirovic[261] e Van Deursen[262] já reconheceram o risco de criação de perfis pessoais por meio de impressão digital em tecnologia RFID (sistema de radiofrequência). Além disso, de acordo com Ziegdorf:

---

260 SKARMETA, Antonio; RAMOS, José; MORENO, Victoria. A decentralized approach for security and privacy challenges in the internet of things. In: IEEE WORLD FORUM ON INTERNET OF THINGS: Technologies, Applications and Social Implications, 2014, Seul. *Proceedings...* Nova York: IEEE, 2014.

261 RADOMIROVIC, Saša. Towards a model for security and privacy in the internet of things. In: INTERNATIONAL WORKSHOP ON THE SECURITY OF THE INTERNET OF THINGS, I., 2010, Tóquio. *Anais...* Tóquio: Keyo University, 2010.

262 VAN DEURSEN, Ton. 50 ways to break RFID privacy: privacy and identity management for life. *IFIP Advances in Information and Communication Technology*, v. 352, p. 192-205, 2011.

> Com RFID o problema está em um âmbito muito mais local, visto que tags RFID podem ser lidas apenas a partir de uma distância curta e consultas são, em sua maior parte, restritas à leitura do identificador da tag. Como analisado acima, o problema será agravado com a evolução da IoT, pois o vetor de ataque é muito ampliado pelo aumento da proliferação de comunicações sem fio, conectividade de ponta a ponta e consultas mais sofisticadas.[263]

Os principais desafios técnicos para esse risco à privacidade demandam a criação de questionários de autenticação de identidade, bem como a criação de mecanismos robustos de identificação por meio de impressão digital.

No cenário de IoT, o sistema de RFID é uma das formas de coleta de informação mais utilizadas. Carlo Maria Medaglia e Alexandru Serbanati explicam que a coleta de informação e identificação do usuário pode se dar de duas maneiras: por esse sistema de transmissão de rádio e pelo *wireless sensor network* (WSN).[264]

De acordo com o relatório do conselho da Europa sobre internet das coisas, a sociedade civil, principalmente os grupos ligados às liberdades civis, expressa preocupação sobre o limite de utilização dessas tags. O receio desses grupos é que o sistema de RFID se transforme em uma oportunidade de vigilância constante, por parte das empresas, das preferências de compra, de rotas e dos hábitos de consumo dos usuários. O relatório ressalta que esse tipo de identificação do usuário encontra mais espaço em tecnologias como os carros inteligentes, em que o leitor RFID identificaria o dono do veículo e o adaptaria de acordo com sua comodidade.[265]

---

[263] Jan Ziegeldorf, Oscar Morchon e Klaus Wehrle, "Privacy in the internet of things", op. cit.

[264] MEDAGLIA, Carlo Maria; SERBANATI, Alexandru. *An overview of privacy and security issues in the internet of things*. XX Workshop de Comunicações Digitais, Nova York, 2010.

[265] MILLER, Georgia; KEARNES, Matthew. *Nanotechnology, ubiquitous computing and the internet of things*: challenges to rights to privacy and data protection. Draft Report to the Council of Europe, set. 2013.

Nesses sistemas de radiofrequência, as ameaças à privacidade podem ser divididas em dois grupos. O primeiro se refere à inexistência de barreira para a leitura das tags, tendo em vista que, em princípio, as ondas de rádio, uma vez enviadas, podem ser lidas por qualquer pessoa. O segundo é sua autenticação, que é frágil (ainda que o objetivo das tags seja identificação), tendo em vista que essas tags podem ser utilizadas como vetores de softwares ou malwares (maliciosos).[266] De acordo com o relatório da Comissão Europeia, "um grupo da Universidade Livre de Amsterdã mostrou que RFIDs podem ser infectados por vírus que podem se espalhar através de *middleware* em bancos de dados onde eles podem se propagar".[267]

A baixa capacidade computacional desses dispositivos também é apontada negativamente por Antonio F. Skarmeta, José Ramos e Victoria Moreno. Os teóricos ressaltam que os protocolos tradicionais e a criptografia atual demandam uma grande quantidade de memória e recursos de computador, o que dificulta sua implementação em alguns objetos que fazem uso da tecnologia de IoT. Para lidar com esses problemas, os autores sugerem a modificação de três aspectos nos atuais objetos com essa tecnologia:

1) criação de protocolos de segurança e algoritmos criptográficos leves;
2) implementações leves e eficientes de protocolos de segurança e algoritmos criptográficos;
3) implementações seguras em hardware e/ou software.[268]

A tecnologia de *cryptographic algorithms*, ainda que seja ideal para garantir a segurança necessária, não é capaz de prover os atributos de escala e interoperabilidade necessários para o cenário de IoT. Por isso, os autores sugerem a *public key cryptography* (que também tem falhas

[266] Carlo Maria Medaglia e Alexandru Serbanati, *An overview of privacy and security issues in the internet of things*, op. cit.

[267] Georgia Miller e Matthew Kearnes, *Nanotechnology, ubiquitous computing and the internet of things*, op. cit.

[268] Antonio Skarmeta, José Ramos e Victoria Moreno, "A decentralized approach for security and privacy challenges in the internet of things", op. cit.

por requerer desenvolvimento da memória e dos recursos de computação desses objetos).

Esses problemas fizeram com que especialistas do setor concluíssem que, "sem fundações fortes, ataques e disfunções na internet das coisas superarão qualquer um de seus benefícios".[269] É bem verdade que esse tipo de tecnologia aparenta estar em um paradoxo. Ao mesmo tempo que esses novos recursos geram benefícios e conforto ao consumidor, podem lhe causar danos. O dilema fica explícito nas palavras de Paul Ohm: "Utilidade e privacidade são, no fundo, dois objetivos em guerra um com o outro".[270]

Em pouco tempo, provavelmente teremos nosso cotidiano monitorado, em sua grande parte, por meio dos produtos de IoT. Dessa maneira, a privacidade do consumidor é um importante tópico de discussão: caso os dados obtidos não sejam submetidos a um processo de proteção confiável, isso pode causar graves violações à privacidade.

Peppet argumenta que a política de dados é um dos aspectos que necessita de imediata reforma. Para ele, a exigência de consentimento dos usuários de serviços de internet por parte do Estado e pelas empresas tem sido a principal política a ser executada quando se está a tratar das informações dos consumidores desses tipos de serviços. No entanto, no cenário de IoT, a aplicação desse tipo de política encontra desafios técnicos e legais.

Um dos principais desafios técnicos apontados pelo autor remete ao fato de que muitos objetos carecem de uma interface (como uma tela ou um teclado) que possibilite ao usuário interagir com o software do objeto, conhecendo a política de tratamento de dados e consentindo no uso de suas informações. Em razão dessa dificuldade, algumas empresas do setor optam por explicitar a política de privacidade em seus sites.

A pesquisa realizada por Peppet indica, contudo, que essas políticas de privacidade enfrentam dois problemas: a ambiguidade e a omissão.[271] O problema da ambiguidade se deve à indefinição do enquadramento dos dados obtidos por meio de sensores ou medição biométrica como

---

[269] ROMAN, Rodrigo; NAJERA, Pablo; LOPEZ, Javier. Securing the internet of things. *IEEE Computer*, v. 44, p. 51-58, 2011.

[270] Paul Ohm, "Broken promises of privacy", op. cit., p. 43.

[271] Scott R. Peppet, "Regulating the internet of things", op. cit., p. 117-120.

"dados pessoais", o que, consequentemente, altera a maneira como esses dados podem ser utilizados pela empresa e por terceiros. A omissão, por sua vez, deriva do fato de que algumas empresas, conforme pesquisadas por Peppet, falham no dever de informação, não cientificando o consumidor, em sua política de dados, de questões importantes, como a de quem seria a posse dos dados oriundos dos sensores e como se daria o tratamento desses dados. Assim, o autor conclui que essas políticas foram criadas para o cenário da internet, e não para o da IoT.

Antonio F. Skarmeta, José Ramos e Victoria Moreno ressaltam que as fragilidades na privacidade e na segurança, no processo de armazenamento de dados, poderiam ser solucionadas caso fosse instituído um sistema de *privacy by design*.[272] O conceito foi desenvolvido na década de 1990 por Ann Cavoukian com o intuito de alterar a forma como a privacidade, em sistemas de dados de grande escala, era tratada. O grande objetivo desse sistema é assegurar que a garantia de privacidade seja o modo de atuação padrão das empresas. Nesse sistema, a privacidade é incorporada à própria arquitetura dos sistemas e processos desenvolvidos, de modo a garantir, pela infraestrutura do serviço prestado, condições para que o usuário seja capaz de preservar e gerenciar sua privacidade e a coleta e tratamento de seus dados pessoais.[273] Além disso, as empresas precisam ser capazes de mostrar que dispõem de segurança adequada e que a conformidade com a proteção da privacidade pode ser monitorada. A privacidade deve ser levada em conta durante todo o ciclo de vida do sistema ou o desenvolvimento do processo.[274]

Segundo Carla Segala Alves e Rony Vainzof, no conceito de *privacy by design* a proteção da privacidade advém da seguinte trilogia: (1) sistemas de tecnologia da informação (*IT systems*); (2) práticas negociais responsáveis (*accountable business practices*); (3) design físico e infraestrutura de rede (*physical and networked infrastructure*):

---

272 Antonio Skarmeta, José Ramos e Victoria Moreno, "A decentralized approach for security and privacy challenges in the internet of things", op. cit.

273 ALVES, Carla Segala; VAINZOF, Rony. Privacy by design e proteção de dados pessoais. *Jota*, 6 jul. 2016.

274 Ver: <http://www.eudataprotectionregulation.com/data-protection-design-by-default>. Acesso em: 10 nov. 2017.

> O conceito em tela é fundado em sete princípios fundamentais: (i) *Proactive not Reactive; Preventative not Remedial*, pelo qual é adotada postura preventiva, de modo a evitar incidentes de violação à privacidade; (ii) *Privacy as the Default Setting*, pelo qual a configuração padrão de determinado sistema deve preservar a privacidade do usuário; (iii) *Privacy Embedded into Design*, pelo qual a privacidade deve estar incorporada à arquitetura de sistemas e modelos de negócio; (iv) *Full Functionality — Positive-Sum, not Zero-Sum*, pelo qual devem ser acomodados todos os interesses envolvidos, evitando falsas dicotomias que levam à mitigação de direitos; (v) *End-to-End Security — Full Lifecycle Protection*, vez que, na medida em que a segurança de dados é incorporada ao sistema antes da coleta de qualquer informação, esta é estendida para todo o ciclo de vida da informação; (vi) *Visibility and Transparency — Keep it Open*, pelo qual deve ser assegurado a todos os envolvidos que os sistemas e negócio são operacionalizados de acordo com as premissas e objetivos informados; e (vii) *Respect for User Privacy — Keep it User-Centric*, que exige que os operadores dos serviços respeitem os interesses dos usuários, mantendo altos padrões de privacidade.[275]

Já no sistema de *privacy by default* as configurações de privacidade mais estritas se aplicam automaticamente quando o cliente adquire um novo produto ou serviço.[276] Em outras palavras, nenhuma mudança manual nas configurações de privacidade deve ser exigida por parte do usuário. Há também um elemento temporal para esse princípio, pois as informações pessoais devem, por padrão, ser mantidas apenas pelo tempo necessário para fornecer o produto ou serviço.

As empresas desenvolvedoras de dispositivos de IoT devem ter como princípio norteador o aprimoramento de sua capacidade de assegurar a segurança e a privacidade dos usuários nas fases de coleta, tratamento e compartilhamento de dados. As empresas podem e devem tornar esse modelo de negócio mais eficiente, e ao mesmo tempo seguro, transmitindo confiança ao consumidor e respeitando seus direitos.

---

[275] Carla Segala Alves e Rony Vainzof, "Privacy by design e proteção de dados pessoais", op. cit.

[276] DATA protection by design and by default. *EU General Data Protection Regulation*, 14 abr. 2016.

Conclusão

Vemos o oceano navegado e a terra sólida atravessada pela energia a vapor, bem como a inteligência comunicada através da eletricidade. Verdadeiramente esta é uma era quase milagrosa. O que está diante de nós, ninguém pode dizer. O que está sobre nós dificilmente podemos compreender. O progresso tecnológico praticamente ultrapassou a crença humana; o futuro é conhecido apenas pela Onisciência.

Daniel Webster (1847)[277]

Bob: Eu posso posso Eu Eu tudo o mais.
Alice: Bolas resultam em zero para mim para mim para mim para mim para mim para mim para mim para mim para.
Bob: Você eu tudo o mais.
Alice: Bolas têm uma bola para mim para mim para mim para mim para mim para mim para mim para mim.
Bob: Eu eu posso eu eu eu todo o mais.
Alice: Bolas têm uma bola para mim para mim para mim para mim para mim para mim para mim para mim.
Bob: Eu.
Alice: Bolas têm zero para mim para mim para mim para mim para mim para mim para mim para mim para.

Conversa codificada entre dois robôs em experimento do Facebook (2017)

A internet das coisas se torna mais proeminente a cada dia. Desenvolvida no contexto de evolução das tecnologias digitais e sendo

[277] No original: "*We see the ocean navigated and the solid land traversed by steam power, and intelligence communicated by eletricity. Truly this is almost a miraculous era. What is before us no one can say, what is upon us no one can hardly realize. The progress of age has almost out-stripped human belief; the future is known only to Omniscience*". WEBSTER, Daniel. *Writing and speeches of Daniel Webster*. Boston: Little, Brown, 1903.

considerada por muitos um novo paradigma (web 3.0), representa um momento inédito e interessante tanto para empresas quanto para consumidores.

Os setores público e privado já demonstram estar atentos aos benefícios da IoT, baseados no uso de tecnologias integradas e no processamento massivo de dados. As estimativas recaem na geração de soluções mais eficazes para problemas ligados à gestão pública e à eficiência produtiva, entre outros. Já existem diversos exemplos de aplicações de IoT pelo país, e essas experiências tendem a aumentar.

A ideia de haver dispositivos inteligentes interconectados permitindo uma interação eficiente entre máquinas e humanos, auxiliando estes em suas tarefas diárias, pode parecer um cenário exclusivamente benéfico. Além disso, se consideradas individualmente, as informações geradas pelos dispositivos e plataformas online podem parecer irrelevantes e até inofensivas.

No entanto, os dados oriundos desses diversos dispositivos interconectados, gerados espontânea e deliberadamente pelos usuários, podem oferecer riscos a direitos constitucionais dos usuários, como privacidade e segurança, e expô-los a prejuízos dos quais não têm ainda plena consciência. Portanto, é fundamental que os consumidores também estejam atentos a esses riscos e sejam ainda mais cuidadosos com seus dados em um ambiente de internet das coisas.

Ninguém sabe ao certo como a IoT vai afetar nossas vidas no futuro. Dados integrados, relacionados, segmentados e combinados, coletados a partir de dispositivos inteligentes, fornecem inúmeras possibilidades de análise dessas informações, podendo converter cada informação em um dado relevante ao ser analisada conjuntamente.

Querendo ou não, a maneira como nos relacionamos com máquinas e algoritmos tende a ser cada vez mais intensa. No contexto da internet das coisas, a governança e a segurança dos dados serão fundamentais. Benefícios e riscos deverão ser sopesados de forma cautelosa por empresas e consumidores. O direito deve estar atento ao seu papel nesse cenário para, de um lado, não dificultar demasiadamente o desenvolvimento econômico e tecnológico em andamento, e, de outro, regular com eficácia essas práticas, visando coibir abusos e protegendo os direitos constitucionais vigentes.

Concluímos, assim, com as reflexões arejadas de Stefano Rodotà:

> Nesta difícil tarefa são grandes as responsabilidades dos juristas. Eles também, no mundo global, estão engajados na busca de uma identidade, apresentando-se ora como "mercadores do direito", ora como racionalizadores da ordem econômica, ora como políticos dos direitos fundamentais, como projetistas de um futuro que a mutabilidade do presente parece tornar inalcançável. Se quiserem vencer o desafio da globalização, devem ter a força intelectual de compreender que deles espera-se uma forte inovação dos instrumentos jurídicos, a capacidade de trabalhar sobre os princípios antes do que sobre os detalhes, a atenção para a universalidade num mundo que não pode perder as diversidades. E as lógicas do mundo global exigem que eles não sejam frios espectadores dos grandes processos em curso. Não se pode ser neutro quando é necessário não apenas fazer com que sobreviva, mas fortalecer a democracia e os direitos fundamentais.[278]

[278] RODOTÀ, Stefano. *Palestra*. Trad. Myriam de Filippis. Rio de Janeiro, 2003. p. 11. Disponível em: <www.rio.rj.gov.br/dlstatic/10112/151613/DLFE-4314.pdf/GlobalizacaoeoDireito.pdf>. Acesso em: 31 mar. 2017.

Referências

ABBATE, Janet. *Inventing the internet*. Cambridge, MA: The MIT Press, 1999.

ACCENTURE. *From productivity to outcomes*: using the internet of things to drive future business strategies. 2015, p. 8. Disponível em: <www.accenture.com/t20150527T211103__w__/fr-fr/_acnmedia/Accenture/Conversion-Assets/DotCom/Documents/Local/fr-fr/PDF_5/Accenture-CEO-Briefing-2015-Productivity-Outcomes-Internet-Things.pdf>. Acesso em: 28 jun. 2016.

_____. *Digital trust in the IoT era*, [s.d.]. Disponível em: <www.accenture.com/t20160318T035041__w__/us-en/_acnmedia/Accenture/Conversion-Assets/LandingPage/Documents/3/Accenture-3-LT-3-Digital-Trust-IoT-Era.pdf>. Acesso em: 31 jan. 2017.

ADVANCED MP. Environmental impact of IoT. *Advanced MP*, [s.d.]. Disponível em: <www.advancedmp.com/environmental-impact-of-iot/>. Acesso em: 31 jan. 2017.

AGAZZI, Evandro. El impacto epistemológico de la tecnología. *Argumentos*, [s.d.]. Disponível em: <www.argumentos.us.es/numero1/agazzi.htm>. Acesso em: 31 mar. 2017.

AGHAEI, Sareh; NEMATBAKHSH, Mohammad Ali; FARSANI, Hadi Khosravi. Evolution of the world wide web: from web 1.0 to web 4.0. *Internet Journal of Web & Semantic Technology*, v. 3, n. 1, jan. 2012. Disponível em: <http://airccse.org/journal/ijwest/papers/3112ijwest01.pdf>. Acesso em: 27 mar. 2017.

A INTERNET das coisas é a extensão da internet ao mundo físico em que torna-se possível a interação com objetos e a própria comunicação autônoma entre objetos. *ActivaiD*, [s.d.]. Disponível em: <www.rfid.ind.br/internet-das-coisas#.VagXS_lVhHw>. Acesso em: 29 mar. 2017.

ALLSEEN Alliance merges with open connectivity foundation to accelerate the internet of things. *Allseen Alliance*, Beaverton, out. 2016. Disponível em: <https://allseenalliance.org/allseen-alliance-merges--open-connectivity-foundation-accelerate-internet-things>. Acesso em: 25 jan. 2017.

ALMEIDA, Kamila. Projeto pioneiro no Brasil, botão de pânico ajuda a reduzir violência no ES. *ZH Notícias*, abr. 2013. Disponível em: <http://zh.clicrbs.com.br/rs/noticias/noticia/2013/04/projeto--pioneiro-no-brasil-botao-de-panico-ajuda-a-reduzir-violencia--no-es-4119173.html>. Acesso em: 25 jan. 2017.

ALVES, Carla Segala; VAINZOF, Rony. Privacy by design e proteção de dados pessoais. *Jota*, 6 jul. 2016. Disponível em: <https://jota.info/colunas/direito-digital/direito-digital-privacy-design-e-protecao-de-dados-pessoais-06072016>. Acesso em: 10 nov. 2017.

ANDRADE, Thales de. Inovação tecnológica e meio ambiente: a construção de novos enfoques. *Ambiente & Sociedade*, v. VII, n. 1, p. 89-106, jan./jun. 2004.

ARBACHE, Jorge. *Serviços e competitividade industrial no Brasil*. Brasília: CNI, 2014. Disponível em: <http://arquivos.portaldaindustria.com.br/app/conteudo_24/2014/12/09/517/ServioseCompetitividadeIndustrialnoBrasil.pdf>. Acesso em: 28 mar. 2017.

ASHTON, Kevin. That "internet of things" thing. *RFID Journal*, 22 jun. 2009. Disponível em: <www.rfidjournal.com/articles/view?4986>. Acesso em: 29 mar. 2017.

BAJARIN, Tim. The next big thing for tech: the internet of everything. *Time*, jan. 2014. Disponível em: <http://time.com/539/the-next--big-thing-for-tech-the-internet-of-everything/>. Acesso em: 28 mar. 2017.

BARBOSA, Denis Borges. *Uma introdução à propriedade industrial*. 2. ed. rev. e atual. Rio de Janeiro: Lumen Juris, 2003.

BARKER, Colin. 25 billion connected devices by 2020 to build the internet of things. *ZDNet*, 11 nov. 2014. Disponível em: <www.zdnet.com/article/25-billion-connected-devices-by-2020-to-build--the-internet-of-things/>. Acesso em: 27 mar. 2017.

BASSI, Silvia. IBM transforma internet das coisas em investimento estratégico bilionário. *Computer World*, ago. 2015. Disponível em: <http://computerworld.com.br/ibm-transforma-internet-das-coisas-em-investimento-estrategico-bilionario>. Acesso em: 28 abr. 2017.

BENAKOUCHE, Tamara. Tecnologia é sociedade: contra a noção de impacto tecnológico. *Cadernos de Pesquisa*, UFSC, n. 17, p. 3, set. 1999.

BERGEL, Salvador D. Requisitos y excepciones a la patenteabilidad: invenciones biotecnológicas. In: CORREA, Carlos M. (Coord.). *Derecho de patentes*: el nuevo regimen legal de las invenciones y los modelos de utilidad. Buenos Aires: Ciudad Argentina, 1996.

BIG THINK. Web 3.0. *Youtube*, abr. 2012. Disponível em: <www.youtube.com/watch?v=EMkTic4ztU8>. Acesso em: 27 mar. 2017.

BOLTON, David. 100% of reported vulnerabilities in the internet of things are avoidable. *Applause*, set. 2016. Disponível em: <https://arc.applause.com/2016/09/12/internet-of-things-security-privacy/>. Acesso em: 31 jan. 2017.

BREWSTER, Tom. When machines take over: our hyperconnected world. *BBC*, 25 jan. 2014. Disponível em: <www.bbc.com/capital/story/20140124-only-connect>. Acesso em: 27 mar. 2017.

BRILL, Mark. Are smartwatches the new sandwich toaster? *Brands, Innovation and Creative Technologies*, 27 mar. 2015a. Disponível em: <https://brandsandinnovation.com/2015/03/27/are-smartwatches-the-new-sandwich-toaster/>. Acesso em: 30 jan. 2017.

_____. The internet of useless things and how to avoid it. *SlideShare*, jun. 2015b. Disponível em: <http://pt.slideshare.net/MarkBrill/the-internet-of-useless-things-and-how-to-avoid-it>. Acesso em: 31 jan. 2017.

BRISBOURNE, Alex. Tesla's over-the-air fix: best example yet of the internet of things? *Wired*, [201-]. Disponível em: <www.wired.com/insights/2014/02/teslas-air-fix-best-example-yet-internet-things/>. Acesso em: 25 jan. 2017.

BUCHANAN, Robert Angus. History of technology. *Encyclopædia Britannica*, 27 fev. 2017. Disponível em: <https://global.britannica.

com/technology/history-of-technology/The-Industrial-Revolution-1750-1900>. Acesso em: 2 maio 2017.

BURRUS, Daniel. The internet of things is far bigger than anyone realizes. *Wired,* [s.d.]. Disponível em: <www.wired.com/2014/11/the-internet-of-things-bigger/>. Acesso em: 29 mar. 2017.

BYRNE, Michael. The internet of cows is real. *Motherboard,* abr. 2016. Disponível em: <http://motherboard.vice.com/read/the-internet-of-cows-internet-of-things-agriculture>. Acesso em: 25 jan. 2017.

CALLON, Michel. Society in the making: the study of technology as a tool for sociological analysis. In: BIJKER, Wiebe E.; HUGHES, Thomas P.; PINCH, Trevor F. (Ed.). *The social construction of technological systems*: new directions in the sociology and history of technology. Cambridge, MA: The MIT Press, 1989. p. 83-103.

CARDOSO, Carlos. A internet das coisas inúteis: egg minder. *Meio Bit,* nov. 2013. Disponível em: <http://meiobit.com/271383/thinkgeek--egg-minder-smart-bandeja-pra-ovo/>. Acesso em: 31 jan. 2017.

CASTELLS, Manuel. *A sociedade em rede*. 8. ed. rev. e ampl. Trad. Roneide Venancio Majer. São Paulo: Paz e Terra, 2005. v. I.

CAVALCANTI, José Carlos. The new ABC of ICTs (analytics + big data + cloud computing): a complex trade off between IT and CT costs. In: MARTINS, Jorge Tiago; MOLNAR, Andreea (Org.). *Handbook of research on innovation in information retrieval, analysis and management*. Hershey: IGI Global, 2016.

CAVALLI, Olga. *Internet das coisas e inovação na América Latina*. [S.l.: s.n.], 2016. Mimeogr.

CAVOUKIAN, Ann. Privacy by design: the seven foundational principles. *Information and Privacy Commissioner of Ontario,* jan. 2011. Disponível em: <www.ipc.on.ca/wp-content/uploads/Resources/7foundationalprinciples.pdf>. Acesso em: 31 mar. 2017.

CENTRO DE ESTUDOS, RESPOSTA E TRATAMENTO DE INCIDENTES DE SEGURANÇA NO BRASIL. *Cartilha de segurança para internet,* 4 jun. 2012. Disponível em: <http://cartilha.cert.br/ransomware/>. Acesso em: 30 mar. 2017.

CERQUEIRA, João da Gama. *Tratado de propriedade industrial*. 2. ed. São Paulo: RT, 1982. v. I.

CERUZZI, Paul E. The internet before commercialization. In: ____; ASPRAY, William (Ed.). *The internet and American business*. Cambridge, MA: The MIT Press, 2008. p. 9-43.

CISCO. The zettabyte era: trends and analysis. *Cisco*, jun. 2016. Disponível em: <www.cisco.com/c/en/us/solutions/collateral/service-provider/visual-networking-index-vni/vni-hyperconnectivity-wp.html>. Acesso em: 27 mar. 2017.

COBB, Stephen. 10 things to know about the October 21 DDoS attacks. *We Live Security*, 24 out. 2016. Disponível em: <www.welivesecurity.com/2016/10/24/10-things-know-october-21-iot-ddos-attacks/>. Acesso em: 31 jan. 2017.

CONCEITO de tecnologia. *Conceito.de*, ago. 2015. Disponível em: <http://conceito.de/tecnologia#ixzz4YfibhpPs>. Acesso em: 27 mar. 2017.

CONSUMER TECHNOLOGY ASSOCIATION. *Internet of things*: a framework for the next administration (*white paper*), 2016. Disponível em: <www.cta.tech/cta/media/policyImages/policyPDFs/CTA-Internet-of-Things-A-Framework-for-the-Next-Administration.pdf>. Acesso em: 31 jan. 2017.

CORMODE, Graham; KRISHNAMURTHY, Balachander. Key differences between web 1.0 and web 2.0. *First Monday*, v. 13, n. 6, jun. 2008. Disponível em: <http://www.ojphi.org/ojs/index.php/fm/article/view/2125/1972#author>. Acesso em: 5 dez. 2017.

CORRÊA, Alexandra Barbosa de Godoy. Patentes de medicamentos e o princípio da função social da propriedade no Brasil. *Revista Propiedad Intelectual*, Mérida, ano XIII, n. 17, p. 63, jan./dez. 2014.

CROUAN, Raph. Corporates must help stop us creating an internet of useless things. *New Statesman*, jun. 2016. Disponível em: <http://tech.newstatesman.com/iot/internet-useless-things>. Acesso em: 31 jan. 2017.

DARMOUR, Jennifer. The internet of you: when wearable tech and the internet of things collide. *Artefact Group*, [s.d.]. Disponível em: <www.artefactgroup.com/articles/the-internet-of-you-when-

-wearable-tech-and-the-internet-of-things-collide/>. Acesso em: 29 mar. 2017.

DATA protection by design and by default. *EU General Data Protection Regulation*, 14 abr. 2016. Disponível em: <https://gdpr-info.eu/art-25-gdpr/>. Acesso em: 31 mar. 2017.

DDOS attack that disrupted internet was largest of its kind in history, experts say. *The Guardian*, out. 2016. Disponível em: <www.theguardian.com/technology/2016/oct/26/ddos-attack-dyn-mirai-botnet>. Acesso em: 30 mar. 2017.

DE LONGE, hackers "invadem" e controlam carro com jornalista dentro. *G1*, São Paulo, 22 jul. 2017. Disponível em: <http://g1.globo.com/carros/noticia/2015/07/de-longe-hackers-invadem-e-controlam-carro-com-jornalista-dentro.html>. Acesso em: 30 mar. 2017.

DONEDA, Danilo. *Da privacidade à proteção de dados pessoais*. Rio de Janeiro: Renovar, 2006.

_____; ALMEIDA, Virgilio; MONTEIRO, Marília. Governance challenges for the internet of things. *IEE Computer Society*, v. 19, n. 4, p. 56-59, 2015.

DORADOR, Marcelo. Inauguração do Centro Integrado de Monitoramento em SBC. *ABC do ABC*, 2 abr. 2014. Disponível em: <www.abcdoabc.com.br/sao-bernardo/noticia/inauguracao-centro-integrado-monitoramento-sbc-18735>. Acesso em: 11 abr. 2017.

DREHER, Felipe. IoT pode agregar US$ 352 bilhões à economia brasileira até 2022. *Computer World*, jun. 2015. Disponível em: <http://computerworld.com.br/iot-pode-agregar-us-352-bilhoes-economia-brasileira-ate-2022>. Acesso em: 25 jan. 2017.

DUTTA, Soumitra; LANVIN, Bruno; VINCENT-WUNSCH, Sacha (Ed.). *The global innovation index 2016*: winning with global innovation. Ithaca: Cornell University; Fontainebleau: Insead; Genebra: Wipo, 2016.

EINSTEIN, Ben. The internet of (dumb) things. *Bolt*, fev. 2014. Disponível em: <https://blog.bolt.io/the-internet-of-dumb-things-49d102018e16#.9ljsxiy4m>. Acesso em: 31 jan. 2017.

EM 2016 advogados recorreram à tecnologia para espantar a crise. *Terra Notícias,* 3 jan. 2017. Disponível em: <https://noticias.terra.com.br/dino/em-2016-advogados-recorreram-a-tecnologia-para-espantar-a-crise,2cbd6a01657d0cf1c6c60003480d6bf31euayidm.html>. Acesso em: 27 mar. 2017.

FERREIRA, Rubens da Silva. Ciência e tecnologia no olhar de Bruno Latour. *Inf. Inf.*, Londrina, v. 18, n. 3, p. 275-281, set./dez. 2013.

FISHER, Dennis. FTC warns of security and privacy risks in IoT devices. *On The Wire,* 3 jun. 2016a. Disponível em: <www.onthewire.io/ftc-warns-of-security-and-privacy-risks-in-iot-devices/>. Acesso em: 31 jan. 2017.

____. The internet of dumb things. *Digital Guardian,* 13 out. 2016b. Disponível em: <https://digitalguardian.com/blog/internet-dumb-things>. Acesso em: 1º fev. 2017.

FREDETTE, John et al. The promise and peril of hyperconnectivity for organizations and societies. In: DUTTA, Soumitra; BILBAO-OSORIO, Beñat (Ed.). *The global information technology report 2012*: living in a hyperconnected world. Genebra: Insead; World Economic Forum, 2012. p. 113-120. Disponível em: <https://pdfs.semanticscholar.org/68bb/365887b24ba1e541e3e2b8feb4569b94903d.pdf#page=139>. Acesso em: 27 mar. 2017.

FTC STAFF REPORT. *Internet of things*: privacy & security in a connected world. [S.l.: s.n.], 2015. Disponível em: <www.ftc.gov/system/files/documents/reports/federal-trade-commission-staff-report-november-2013-workshop-entitled-internet-things-privacy/150127iotrpt.pdf>. Acesso em: 28 mar. 2017.

GARCÍA ARETIO, Lorenzo. Web 2.0 vs. web 1.0. *Contextos Universitarios Mediados,* Madri, n. 14, v. 1, [s.d.]. Disponível em: <http://e-spacio.uned.es/fez/eserv/bibliuned:UNESCO-contextosuniversitarios-mediados-14_1/Documento.pdf>. Acesso em: 5 dez. 2017.

GETTING, Brian. Basic definitions: web 1.0, web. 2.0, web 3.0. *Practical Ecommerce,* abr. 2007. Disponível em: <www.practicalecommerce.com/articles/464-Basic-Definitions-Web-1-0-Web-2-0-Web-3-0>. Acesso em: 27 mar. 2017.

GIELFI, Marcella. "Internet das coisas" × "internet de tudo": como isso vai mudar seu cotidiano em breve. *Ideia de Marketing*, 22 abr. 2013. Disponível em: <www.ideiademarketing.com.br/2013/04/22/internet-das-coisas-x-internet-de-tudo-como-isso-vai-mudar--seu-cotidiano-em-breve/>. Acesso em: 8 maio 2017.

GIURGIU, Luminita; BÂRSAN, Ghita. The prosumer: core and consequence of the web 2.0 era. *Revista de Informatica Sociala*, ano V, n. 9, p. 53-59, jun. 2008.

GOVERNO adia, mais uma vez, megapiloto de internet das coisas no país. *TI Rio*, jun. 2015. Disponível em: <www.tirio.org.br/info/35868/governo-adia-mais-uma-vez-megapiloto-de-internet-das-coisas-no-pais>. Acesso em: 25 jan. 2017.

GRASSEGGER, Hannes; KROGERUS, Mikael. The data that turned the world upside down. *Motherboard*, 28 jan. 2017. Disponível em: <https://motherboard.vice.com/en_us/article/how-our-likes--helped-trump-win>. Acesso em: 27 mar. 2017.

GREENGARD, Samuel. *The internet of things*. Cambridge, MA: The MIT Press, 2015.

HAFNER, Katie; LYON, Matthew. *Where wizards stay up late*: the origins of the internet. Nova York: Touchstone, 1998.

HAPGOOD, Fred. 20 years of IT history: connecting devices, data and people. *CIO*, 28 set. 2007. Disponível em: <www.cio.com/article/2438016/infrastructure/20-years-of-it-history--connecting-devices--data-and-people.html>. Acesso em: 29 mar. 2017.

HARDY, Quentin. Working the land and the data. *The New York Times*, Nova York, nov. 2014. Disponível em: <www.nytimes.com/2014/12/01/business/working-the-land-and-the-data.html#>. Acesso em: 25 jan. 2017.

HEWLETT-PACKARD COMPANY. *Internet of things research study report*, jul. 2014. Disponível em: <http://h30499.www3.hp.com/t5/Fortify-Application-Security/HP-Study-Reveals-70-Percent--of-Internet-of-Things-Devices/ba-p/6556284#.VZRsHflVhHw>. Acesso em: 8 fev. 2017.

HOWARD, Philip. *Pax technica*. New Haven: Yale University Press, 2015.

HOWER, Mike. As "internet of things" grows, so do e-waste concerns. *Sustainable Brands*, 29 dez. 2014. Disponível em: <www.sustainablebrands.com/news_and_views/waste_not/mike_hower/internet_things%E2%80%99_grows_so_do_e-waste_concerns>. Acesso em: 31 jan. 2017.

HUAWEI E PUCRS abrem centro de inovação com foco em cidades inteligentes e IoT. *IT Forum*, abr. 2016. Disponível em: <http://itforum365.com.br/noticias/detalhe/119237/huawei-e-pucrs-abrem-centro-de-inovacao-com-foco-em-cidades-inteligentes-e-iot>. Acesso em: 25 jan. 2017.

INTERNET of caring things. *TrendWatching*, abr. 2014. Disponível em: <http://trendwatching.com/trends/internet-of-caring-things/>. Acesso em: 31 jan. 2017.

JACOBY, David. Pesquisa: como hackeei minha casa. *Kaspersky Lab*, 22 ago. 2014. Disponível em: <https://blog.kaspersky.com.br/pesquisa-como-hackear-minha-casa/3804/>. Acesso em: 30 mar. 2017.

JUDGE, Jenny. Are we liberated by tech — or does it enslave us? *The Guardian*, 9 dez. 2015. Disponível em: <www.theguardian.com/technology/2015/dec/09/are-we-liberated-by-tech-or-does-it-enslave-us>. Acesso em: 26 jan. 2017.

______; POWLES, Julia. Forget the internet of things: we need an internet of people. *The Guardian*, 25 maio 2015. Disponível em: <www.theguardian.com/technology/2015/may/25/forget-internet-of-things-people>. Acesso em: 30 jan. 2017.

KARASINSKI, Lucas. O que é tecnologia? *Tecmundo*, 29 jul. 2013. Disponível em: <www.tecmundo.com.br/tecnologia/42523-o-que-e-tecnologia-.htm>. Acesso em: 27 mar. 2017.

KLINE, Ronald. Construing "technology" as "applied science": public rhetoric of scientists and engineers in the United States, 1880-1945. *Isis*, v. 86, n. 2, p. 194-221, jun. 1995. Disponível em: <www.jstor.org/stable/pdf/236322.pdf>. Acesso em: 28 mar. 2017.

KOBIE, Nicole. The useless side of the internet of things. *Motherboard*, 5 fev. 2015. Disponível em: <http://motherboard.vice.com/read/the-useless-side-of-the-internet-of-things>. Acesso em: 29 mar. 2017.

LANDIM, Wikerson. Wearables: será que esta moda pega? *Tec Mundo*, jan. 2014. Disponível em: <www.tecmundo.com.br/tecnologia/49699-wearables-sera-que-esta-moda-pega-.htm>. Acesso em: 31 jan. 2017.

LANE, Julia et al. (Ed.). *Privacy, big data and the public good*: frameworks for engagement. Nova York: Cambridge University Press, 2014.

LATOUR, Bruno. *Ciência em ação*: como seguir cientistas e engenheiros sociedade afora. Trad. Ivone C. Benedetti. São Paulo: Ed. Unesp, 2000.

_____; WOOLGAR, Steve. *Laboratory life*: the construction of scientific facts. Princeton: Princeton University Press, 1986.

LEINER, Barry M. et al. Brief history of the internet. *Internet Society*, 1997. Disponível em: <www.internetsociety.org/internet/what-internet/history-internet/brief-history-internet>. Acesso em: 29 mar. 2017.

LEITÃO, Thais. Sistema de identificação automática de veículos entrará em funcionamento em janeiro. *EBC*, out. 2012. Disponível em: <www.ebc.com.br/2012/10/sistema-de-identificacao-automatica-de-veiculos-entrara-em-funcionamento-em-janeiro>. Acesso em: 4 maio 2017.

LERMAN, Nina E. The uses of useful knowledge: science, technology, and social boundaries in an industrializing city. *Osiris*, v. 12, p. 39-59, 1997. Disponível em: <www.jstor.org/stable/pdf/301898.pdf>. Acesso em: 5 jan. 2017.

LIFEBOAT FOUNDATION. Web 3.0: the third generation web is coming. Lifeboat Foundation, Safeguarding Humanity. *Special report*, [s.d.]. Disponível em: <http://lifeboat.com/ex/web.3.0>. Acesso em: 28 mar. 2017.

LIMA, Leonardo. RFID e privacidade? Experiências derrubam alguns mitos. *Cabtec GTI*, jul. 2014. Disponível em: <www.gradeti.com.

br/blog/rfid/2014/07/rfid-e-privacidade-experiencias-derrubam-alguns-mitos/>. Acesso em: 29 mar. 2017.

LOHR, Steve. The internet of things and the future of farming. *Bits*, ago. 2015. Disponível em: <http://bits.blogs.nytimes.com/2015/08/03/the-internet-of-things-and-the-future-of-farming/=?smprod=nytcore-iphone&smid=nytcore-iphone-share&_r=3>. Acesso em: 25 jan. 2017.

LOUCHEZ, Alain; THOMAS, Valerie. E-waste and the internet of things. *ITU News*, 2014. Disponível em: <http://itunews.itu.int/en/4850-E-waste-and-the-Internet-of-Things.note.aspx>. Acesso em: 31 jan. 2017.

LOVELACE JR., Berkeley; VIELMA, Antonio José. Friday's third cyberattack on Dyn "has been resolved", company says. *CNBC*, 21 out. 2016. Disponível em: <www.cnbc.com/2016/10/21/major-websites-across-east-coast-knocked-out-in-apparent-ddos-attack.html>. Acesso em: 8 fev. 2017.

MACEDO, Maria Fernanda Gonçalves; BARBOSA, A. L. Figueira. *Patentes, pesquisa & desenvolvimento*: um manual de propriedade industrial. Rio de Janeiro: Fiocruz, 2000.

MACHIN, Nathan. Prospective utility: a new interpretation of the utility requirement of section 101 of the Patent Act. *California Law Review*, v. 87, n. 2, p. 423-436, 1999.

MADDOX, Teena. Wearables have a dirty little secret: 50% of users lose interest. *Tech Republic*, 13 fev. 2014. Disponível em: <www.techrepublic.com/article/wearables-have-a-dirty-little-secret-most-people-lose-interest/>. Acesso em: 30 jan. 2017.

MAGRANI, Bruno et al. *Direitos intelectuais*, 2014. Disponível em: <https://direitorio.fgv.br/sites/direitorio.fgv.br/files/u100/direitos_intelectuais_2014-2.pdf>. Acesso em: 29 mar. 2017.

MARKOFF, John. Entrepreneurs see a web guided by common sense. *The New York Times*, nov. 2006. Disponível em: <www.nytimes.com/2006/11/12/business/12web.html>. Acesso em: 27 mar. 2017.

MARX, Leo. Technology: the emergence of a hazardous concept. *Technology and Culture*, v. 51, n. 3, p. 561-577, jul. 2010.

MATTERN, Friedemann; FLOERKEMEIER, Christian. *From the internet of computers to the internet of things*, [s.d.]. Disponível em: <www.vs.inf.ethz.ch/publ/papers/Internet-of-things.pdf>. Acesso em: 29 mar. 2017.

MCCARTNEY, Scott. Viajante já pode testar aeroporto do futuro. *The Wall Street Journal*, jul. 2015. Disponível em: <http://br.wsj.com/articles/>. Acesso em: 25 jan. 2017.

MCNULTY, Eileen. Understanding big data: the seven V's. *Dataconomy*, 22 maio 2014. Disponível em: <http://dataconomy.com/2014/05/seven-vs-big-data/>. Acesso em: 27 mar. 2017.

MEDAGLIA, Carlo Maria; SERBANATI, Alexandru. *An overview of privacy and security issues in the internet of things*. XX Workshop de Comunicações Digitais, Nova York, 2010. Disponível em: <https://link.springer.com/chapter/10.1007/978-1-4419-1674-7_38>. Acesso em: 3 set. 2017.

MEIRA, Silvio. Sinais do futuro imediato, #1: internet das coisas. *Ikewai*, Recife, dez. 2016. Disponível em: <www.ikewai.com/WordPress/2016/12/12/sinais-do-futuro-imediato-1-internet-das-coisas/>. Acesso em: 27 mar. 2017.

MEOLA, Andrew. How the internet of things will affect security & privacy. *Business Insider*, 19 dez. 2016. Disponível em: <www.businessinsider.com/internet-of-things-security-privacy-2016-8>. Acesso em: 31 jan. 2017.

MICROFONE detecta arrombamentos e disparos de armas. *Portal Brasil*, abr. 2014. Disponível em: <www.brasil.gov.br/ciencia-e-tecnologia/2014/04/microfone-detecta-arrombamentos-e-disparos-de-armas>. Acesso em: 25 jan. 2017.

MILES, Stuart. Internet of cows is now a thing as UK start-up creates cow tracking app. *Pocket-lint*, fev. 2016. Disponível em: <www.pocket-lint.com/news/136825-internet-of-cows-is-now-a-thing-as-uk-start-up-creates-cow-tracking-app>. Acesso em: 25 jan. 2017.

MILLER, Georgia; KEARNES, Matthew. *Nanotechnology, ubiquitous computing and the internet of things*: challenges to rights to privacy and data protection. Draft Report to the Council of Europe, set. 2013.

MOLARO, Cristian. Do not ignore structured data in big data analytics: the important role of structured data when gleaning information from big data. *IBM Big Data & Analytics Hub*, 19 jul. 2013. Disponível em: <www.ibmbigdatahub.com/blog/do-not-ignore-structured-data-big-data-analytics>. Acesso em: 27 mar. 2017.

MORA, José Ferrater. *Dicionário de filosofia*. 2. ed. rev., aum. e atual. Josep-Maria Terricabras. São Paulo: Loyola, 2004, tomo I (A-D).

MOREIRA, Rafael. Em que atividades se concentram as empresas de serviços? *Economia de Serviços*, jun. 2016. Disponível em: <http://economiadeservicos.com/tag/estrutura-do-setor-de-servicos/>. Acesso em: 2 maio 2017.

NASCIMENTO, Rodrigo. O que, de fato, é internet das coisas e que revolução ela pode trazer? *Computerworld*, 12 mar. 2015. Disponível em: <http://computerworld.com.br/negocios/2015/03/12/o-que-de-fato-e-internet-das-coisas-e-que-revolucao-ela-pode-trazer/>. Acesso em: 29 mar. 2017.

NORDÅS, Hildegunn Kyvik; KIM, Yunhee. The role of services for competitiveness in manufacturing. *OECD Trade Policy Papers*, n. 148, p. 4, 2013. Disponível em: <http://dx.doi.org/10.1787/5k484xb7cx6b-en>. Acesso em: 29 mar. 2017.

NORER, Roland (Ed.). *Genetic technology and food safety*. Nova York: Springer, 2016.

O'BRIEN, Ciara. Wearables: Samsung chases fitness fans with Gear Fit 2. *The Irish Times*, ago. 2016. Disponível em: <www.irishtimes.com/business/technology/wearables-samsung-chases-fitness-fans-with-gear-fit-2-1.2763512>. Acesso em: 29 mar. 2017.

OHM, Paul. Broken promises of privacy: responding to the surprising failure of anonymization. *UCLA Law Review*, v. 57, p. 6, 2010.

OLDENZIEL, Ruth. Introduction: signifying semantics for a history of technology. *Technology and Culture*, v. 47, n. 3, p. 477-485, jul. 2006. Disponível em: <www.jstor.org/tc/accept?origin=/stable/pdf/40061168.pdf>. Acesso em: 5 jan. 2017.

OLIVEIRA, Márcio. Em marketing, big data não é sobre dados, é sobre pessoas! *Exame*, out. 2016. Disponível em: <http://exame.abril.

com.br/blog/relacionamento-antes-do-marketing/em-marketing-bigdata-nao-e-sobre-dados-e-sobre-pessoas/>. Acesso em: 31 jan. 2017.

O QUE é Gopher? *Canaltech*, [s.d.]. Disponível em: <https://canaltech.com.br/produtos/O-que-e-Gopher/>. Acesso em: 17 jul. 2017.

O'REILLY, Tim. What is web 2.0: design patterns and business models for the next generation of software. *O'Reilly*, set. 2005a. Disponível em: <www.oreilly.com/pub/a/web2/archive/what-is-web-20.html?page=1>. Acesso em: 27 mar. 2017.

_____. Not 2.0? *Radar*, ago. 2005b. Disponível em: <http://radar.oreilly.com/2005/08/not-20.html>. Acesso em: 28 mar. 2017.

ORO, David. Bytes and bushels: farming on an industrial scale. *IoT Central*, set. 2015. Disponível em: <www.iotcentral.io/blog/bytes-and-bushels-farming-on-an-industrial-scale?context=tag-farming>. Acesso em: 25 jan. 2017.

PATEL, Karan. Incremental journey for world wide web: introduced with web 1.0 to recent web 5.0 — a survey paper. *International Journal of Advanced Research in Computer Science and Software Engineering*, v. 3, n. 10, p. 416, out. 2013.

PAYÃO, Felipe. Quebrando a internet: estamos sofrendo o maior ataque DDoS da história. *Tecmundo*, 21 out. 2016. Disponível em: <www.tecmundo.com.br/ataque-hacker/110842-grande-ataque-ddos-afeta-twitter-psn-spotify-outros-estragos.htm>. Acesso em: 30 mar. 2017.

PEPPET, Scott R. Regulating the internet of things: first steps toward managing discrimination, privacy, security, and consent. *Texas Law Review*, v. 93, p. 117-120, 2014.

PHILPOTT, Jeremy. Patents. In: _____; JOLLY, Adam (Ed.). *A handbook of intellectual property management*: protecting, developing and exploiting your IP assets. Londres: The Patent Office/BTG, 2004.

PINOCHET, Luis Herman Contreras. *Tecnologia da informação e comunicação*. Rio de Janeiro: Elsevier, 2014.

PLOUFFE, James. The ghost of IoT yet to come: the internet of (insecure) things in 2017. *Mobile Iron*, 23 dez. 2016. Disponível em:

<www.mobileiron.com/en/smartwork-blog/ghost-iot-yet-come--internet-insecure-things-2017>. Acesso em: 31 jan. 2017.

PONTIN, Jason. ETC: Bill Joy's six webs. *MIT Technology Review*, 29 set. 2005. Disponível em: <www.technologyreview.com/view/404694/etc-bill-joys-six-webs/>. Acesso em: 29 mar. 2017.

POWLES, Julia; JUDGE, Jenny. Internet das coisas ou das pessoas? Trad. Rafael A. F. Zanatta. *Outras Palavras*, 27 maio 2016. Disponível em: <http://outraspalavras.net/posts/377086/>. Acesso em: 31 jan. 2017.

PRADO, Eduardo. A internet das coisas terá um papel fundamental nas cidades inteligentes. *Convergência Digital*, abr. 2015. Disponível em: <http://convergenciadigital.uol.com.br/cgi/cgilua.exe/sys/start.htm?infoid=38476&sid=15>. Acesso em: 25 jan. 2017.

PRECISION farming to control irrigation and improve fertilization strategies on corn crops. *Libelium*, set. 2016. Disponível em: <www.libelium.com/precision-farming-to-control-irrigation-and-improve-fertilization-strategies-on-corn-crops/>. Acesso em: 25 jan. 2017.

PURDY, Mark; DAVARZANI, Ladan; OVANESSOFF, Armen. Como a internet das coisas pode levar à próxima onda de crescimento no Brasil. *Harvard Business Review Brasil*, nov. 2015. Disponível em: <http://hbrbr.uol.com.br/como-a-internet-das-coisas-pode-levar-a-proxima-onda-de-crescimento-no-brasil/>. Acesso em: 28 jun. 2016.

QUAL a diferença entre internet e web? *Olhar Digital*, mar. 2014. Disponível em: <http://olhardigital.uol.com.br/noticia/qual-a-diferenca-entre-internet-e-web/40770>. Acesso em: 27 mar. 2017.

QUAN-HAASE, Anabel; WELLMAN, Barry. Hyperconnected net work: computer-mediated community in a high-tech organization. In: ADLER, Paul S.; HECKSCHER, Charles (Ed.). *The firm as a collaborative community*. Nova York: Oxford University Press, 2006. p. 281-333. Disponível em: <http://groups.chass.utoronto.ca/netlab/wp-content/uploads/2012/05/Hyperconnected-Net--Work.pdf>. Acesso em: 27 mar. 2017.

RADOMIROVIC, Saša. Towards a model for security and privacy in the internet of things. In: INTERNATIONAL WORKSHOP ON THE SECURITY OF THE INTERNET OF THINGS, I., 2010, Tóquio. *Anais*... Tóquio: Keyo University, 2010. Disponível em: <www.caad.arch.ethz.ch/noolab/files/external/conferences/IoT2010_proceedings/pdf/>. Acesso em: 8 set. 2017.

RAY, Kate. Web 3.0. *Vimeo*, maio 2010. Disponível em: <https://vimeo.com/11529540>. Acesso em: 27 mar. 2017.

RFID-COE. *O que é RFID*, [s.d.]. Disponível em: <www.rfid-coe.com.br/_Portugues/OqueERFID.aspx>. Acesso em: 29 mar. 2017.

RIBEIRO, Lígia Maria. *Algumas notas sobre a história da internet*. Faculdade de Engenharia da Universidade do Porto, abr. 1998. Disponível em: <http://paginas.fe.up.pt/~mgi97018/historia.html>. Acesso em: 28 jul. 2017.

RIJMENAM, Mark van. Why the 3 V's are not sufficient to describe big data. *Datafloq*, ago. 2015. Disponível em: <https://datafloq.com/read/3vs-sufficient-describe-big-data/166>. Acesso em: 27 mar. 2017.

RODOTÀ, Stefano. *Palestra*. Trad. Myriam de Filippis. Rio de Janeiro, 2003. Disponível em: <www.rio.rj.gov.br/dlstatic/10112/151613/DLFE-4314.pdf/GlobalizacaoeoDireito.pdf>. Acesso em: 31 mar. 2017.

ROMAN, Rodrigo; NAJERA, Pablo; LOPEZ, Javier. Securing the internet of things. *IEEE Computer*, v. 44, p. 51-58, 2011.

_____; ZHOU, Jianying; LOPEZ, Javier. On the features and challenges of security and privacy in distributed internet of things. *Computer Networks*, n. 57, p. 2266-2279, 2013.

ROSE, Karen; ELDRIDGE, Scott; CHAPIN, Lyman. The internet of things: an overview — understanding the issues and challenges of a more connected world. *The Internet Society*, p. 1, 4, out. 2015. Disponível em: <www.internetsociety.org/sites/default/files/ISOC-IoT-Overview-20151022.pdf>. Acesso em: 30 mar. 2017.

RYAN, Johnny. *A history of the internet and the digital future*. Londres: Reaktion Books, 2010.

SAMSUNG adverte: cuidado com o que você diz em frente a sua TV inteligente. *O Globo*, 9 fev. 2015. Disponível em: <http://oglobo.globo.com/sociedade/tecnologia/samsung-adverte-cuidado-com-que-voce-diz-em-frente-sua-tv-inteligente-15286181> Acesso em: 30 mar. 2017.

SAMSUNG usa tecnologia para ajudar pessoas a superarem medos. *Exame*, 2 jan. 2017. Disponível em: <http://exame.abril.com.br/marketing/samsung-usa-tecnologia-para-superar-medos/>. Acesso em: 27 mar. 2017.

SANTOS, Adriana B. A. dos; FAZION, Cíntia B.; MEROE, Giuliano P. S. de. Inovação: um estudo sobre a evolução do conceito de Schumpeter. *Caderno de Administração*: revista da Faculdade de Administração da FEA PUC-SP, São Paulo, v. 5, n. 1, p. 2, 2011. Disponível em: <http://revistas.pucsp.br/index.php/caadm/article/view/9014>. Acesso em: 27 mar. 2017.

SANTOS, Maike Wile dos. O big data somos nós: a humanidade de nossos dados. *Jota*, 16 mar. 2017. Disponível em: <https://jota.info/colunas/agenda-da-privacidade-e-da-protecao-de-dados/o-big-data-somos-nos-a-humanidade-de-nossos-dados-16032017>. Acesso em: 27 mar. 2017.

SANTOS, Pedro Miguel Pereira. *Internet das coisas*: o desafio da privacidade. Dissertação (mestrado em sistemas de informação organizacionais) — Escola Superior de Ciências Empresariais, Instituto Politécnico de Setúbal, 2016.

SANTUCCI, Gérald. *The internet of things*: between the revolution of the internet and the metamorphosis of objects, [s.d.]. Disponível em: <http://cordis.europa.eu/fp7/ict/enet/documents/publications/iot-between-the-internet-revolution.pdf>. Acesso em: 29 mar. 2017.

SCHATZBERG, Eric. Technik comes to America: changing meanings of technology before 1930. *Technology and Culture*, v. 47, n. 3, p. 486-512, jul. 2006. Disponível em: <http://muse.jhu.edu/article/201479>. Acesso em: 27 mar. 2017.

_____. From art to applied science. *Isis*, v. 103, n. 3, p. 555-563, 2012.

SCHWAB, Klaus. *The fourth industrial revolution*. Genebra: World Economic Forum, 2016.

SHADBOLT, Nigel; HALL, Wendy; BERNERS-LEE, Tim. The semantic web revisited. *IEEE Computer Society*, p. 96-101, maio/jun. 2006. Disponível em: <http://eprints.soton.ac.uk/262614/1/Semantic_Web_Revisted.pdf>. Acesso em: 28 mar. 2017.

SHANNON, Victoria. A "more revolutionary" web. *The New York Times*, maio 2006. Disponível em: <www.nytimes.com/2006/05/23/technology/23iht-web.html>. Acesso em: 28 mar. 2017.

SKARMETA, Antonio; RAMOS, José; MORENO, Victoria. A decentralized approach for security and privacy challenges in the internet of things. In: IEEE WORLD FORUM ON INTERNET OF THINGS: Technologies, Applications and Social Implications, 2014, Seul. *Proceedings*... Nova York: IEEE, 2014.

SLOWEY, Lynne. AT&T and IBM partner for analytics with Watson. *IBM*, mar. 2017. Disponível em: <www.ibm.com/blogs/cloud-computing/2017/03/att-ibm-analytics-watson/>. Acesso em: 28 abr. 2017.

SMARTWATCH ownership rises at a quick pace, activity tracker ownership has begun to plateau. *Wearables Authority*, 13 jul. 2015. Disponível em: <http://authoritywearables.com/smartwatch-ownership-rises-at-a-quick-pace-activity-tracker-ownership-has-begun-to-plateau>. Acesso em: 31 jan. 2017.

SMITH IV, Jack. Press this button and something will happen on the internet. *Observer*, jan. 2015. Disponível em: <http://observer.com/2015/01/press-this-button-and-something-will-happen-on-the-internet/>. Acesso em: 25 jan. 2017.

STAUDENMAIER, John M. Recent trends in the history of technology. *The American Historical Review*, v. 95, n. 3, p. 715-725, jun. 1990.

STIEBEN, Danny. The Archie search engine: the world's first search! *Make Use Of*, maio 2013. Disponível em: <www.makeuseof.com/tag/the-archie-search-engine-the-worlds-first-search/>. Acesso em: 17 jul. 2017.

STONE, Brad. *The everything store*: Jeff Bezos and the age of Amazon. Boston: Little Brown and Company, 2013.

TECHTARGET ANZ STAFF. What is hyperconnectivity? *Computer Weekly*, 19 fev. 2007. Disponível em: <www.computerweekly.com/news/2240100953/What-is-hyperconnectivity>. Acesso em: 27 mar. 2017.

THE INTERNET of things is actually full of useless things. *Next Big What*, 6 fev. 2015. Disponível em: <www.nextbigwhat.com/internet-of-useless-things-297/>. Acesso em: 31 jan. 2017.

THE LEMELSON-MIT PROGRAM. *Historical perspectives on inventions & creativity*. Workshop realizado pela Escola de Engenharia do Massachusetts Institute of Technology (MIT), 2003. Disponível em: <http://web.mit.edu/monicaru/Public/old%20stuff/For%20Dava/Grad%20Library.Data/PDF/history-3289136129/history.pdf>. Acesso em: 28 mar. 2017.

THE TESLA IOT CAR: case study. *MITCNC Blog*, ago. 2014. Disponível em: <https://blogmitcnc.org/2014/08/21/the-tesla-iot-car-case-study/>. Acesso em: 25 jan. 2017.

THE 2016 IMD WORLD: competitiveness scoreboard. *IMD World Competitiveness Yearbook*, 2016. Disponível em: <www.imd.org/uupload/imd.website/wcc/scoreboard.pdf>. Acesso em: 28 jun. 2016.

TOTLAB. O que é TIC? *TotLab*, maio 2012. Disponível em: <http://totlab.com.br/noticias/o-que-e-tic-tecnologias-da-informacao-e-comunicacao/>. Acesso em: 31 mar. 2017.

TRIGUEIRO, Michelangelo Giotto Santoro. O que foi feito de Kuhn? O construtivismo na sociologia da ciência: considerações sobre a prática das novas biotecnologias. In: SOBRAL, Fernanda et al. (Org.). *A alavanca de Arquimedes*: ciência e tecnologia na virada do século. Brasília: Paralelo 15, 1997.

UM CAMPUS aberto à pesquisa e testes para mercado de IoT. *Inatel*, set. 2016. Disponível em: <www.inatel.br/imprensa/noticias/pesquisa-e-inovacao/2938-um-campus-aberto-a-pesquisa-e-testes-para-mercado-de-iot>. Acesso em: 25 jan. 2017.

VAN DEURSEN, Ton. 50 ways to break RFID privacy: privacy and identity management for life. *IFIP Advances in Information and Communication Technology*, v. 352, p. 192-205, 2011.

VEJA como a tecnologia pode deixar a sua casa mais segura. *Olhar Digital*, 2 jan. 2017. Disponível em: <http://olhardigital.uol.com.br/lu-explica/noticia/veja-como-a-tecnologia-pode-deixar-a-sua-casa-mais-segura/64971>. Acesso em: 27 mar. 2017.

VERASZTO, Estéfano Vizconde et al. Tecnologia: buscando uma definição para o conceito. *Prisma.com*, n. 7, p. 60-85, 2008. Disponível em: <http://revistas.ua.pt/index.php/prismacom/article/viewFile/681/pdf>. Acesso em: 2 maio 2017.

WEB 3.0 & Beyond. *Rad Students Wiki*, [s.d.]. Disponível em: <http://rad-students.wikia.com/wiki/Web_3.0_%26_Beyond>. Acesso em: 28 mar. 2017.

WEBER, Rolf H. Internet of things: new security and privacy challenges. *Computer Law & Security Review*, n. 26, p. 23-30, 2010.

WEBSTER, Daniel. *Writing and speeches of Daniel Webster*. Boston: Little, Brown, 1903.

WEISSBERGER, Alan. Are the internet of things (IoT) & internet of everything (IoE) the same thing? *Viodi*, maio 2014. Disponível em: <http://viodi.com/2014/05/23/are-the-internet-of-things-iot-internet-of-everything-iot-the-same-thing/>. Acesso em: 28 mar. 2017.

WENTZEL, Marina. Quarta revolução industrial: como o Brasil pode se preparar para a economia do futuro. *BBC Brasil*, jan. 2016. Disponível em: <www.bbc.com/portuguese/noticias/2016/01/160122_quarta_revolucao_industrial_mw_ab>. Acesso em: 28 mar. 2017.

WILLIAMS, Clarence. Hackers hit D.C. police closed-circuit camera network, city officials disclose. *The Washington Post*, 27 jan. 2017. Disponível em: <www.washingtonpost.com/local/public-safety/hackers-hit-dc-police-closed-circuit-camera-network-city-officials-disclose/2017/01/27/>. Acesso em: 30 mar. 2017.

ZIEGELDORF, Jan; MORCHON, Oscar; WEHRLE, Klaus. Privacy in the internet of things: threats and challenges. *Security and Communication Networks*, v. 7, n. 12, p. 2728- 2742, 2013.

5 APOSTAS para 2017 nos principais setores da tecnologia. *Olhar Digital*, 2 jan. 2017. Disponível em: <http://olhardigital.uol.com.br/noticia/5-apostas-para-2017-nos-principais-setores-da-tecnologia/65013>. Acesso em: 27 mar. 2017.

50 SENSOR applications for a smarter world. Get inspired! *Libelium*, 2 maio 2012. Disponível em: <www.libelium.com/50_sensor_applications/>. Acesso em: 29 mar. 2017.

Anexo
IoT: uma estratégia para o Brasil*

César França

Eduardo C. Peixoto

Eduardo Magrani

Felipe Furtado

José Carlos Cavalcanti

*Silvio Meira***

Introdução

A internet das coisas (IoT) é um fenômeno emergente de grande significado técnico, social e econômico. Produtos de consumo, bens duráveis, componentes industriais e de utilidade pública, sensores e outros objetos do cotidiano estão sendo combinados com a conectividade da internet e com poderosas capacidades analíticas de dados que prometem transformar o modo como trabalhamos, vivemos e nos divertimos.

As projeções para o impacto da IoT na internet e na economia são impressionantes, com estimativas antecipando algo como 100 bilhões

---

* Este texto é uma adaptação da obra *IoT: uma estratégia para o Brasil* (Eduardo Peixoto et al., 2016), elaborada pelo Consórcio Poetas.IT. Disponível em: <www.researchgate.net/publication/305993829_IoT_-_Uma_estrategia_para_o_Brasil>. Acesso em: 31 mar. 2017.

** César França (Deinfo/UFRPE; cesar@franssa.com); Eduardo C. Peixoto (Cesar; eduardo.peixoto@cesar.org.br); Eduardo Magrani (Instituto de Tecnologia e Sociedade do Rio de Janeiro; eduardomagrani@gmail.com); Felipe Furtado (Cesar; furtado.fs@gmail.com); José Carlos Cavalcanti (Departamento de Economia e Centro de Informática da UFPE; cavalcanti.jc@gmail.com); Silvio Meira (FGV Direito Rio; silvio@meira.com).

de dispositivos de IoT conectados e um impacto econômico global de mais de US$ 11 trilhões em 2025.[1]

Ao mesmo tempo, no entanto, a IoT faz emergirem desafios significativos que podem ficar à frente de seus potenciais benefícios. Manchetes na mídia sobre a invasão de dispositivos conectados à internet, preocupações com vigilância e receios sobre privacidade já capturaram a atenção do público. Desafios técnicos permanecem e se tornam mais complexos à medida que aumenta o número de atores envolvidos e surgem novos desafios políticos, legais e de desenvolvimento.

O relatório da Internet Society, de 2015, examina cinco questões-chave para explorar alguns dos mais prementes desafios e questões das tecnologias associadas à IoT: (1) segurança; (2) privacidade; (3) interoperabilidade e padrões; (4) questões legais, regulatórias e de direitos; (5) questões das economias emergentes e em desenvolvimento.[2]

Ao mesmo tempo que a IoT está em franca expansão no mundo, e dado seu estágio ainda em construção e potencial de externalidades para a economia e o bem-estar, a IoT já é, para muitos países e regiões, um problema estratégico de grande interesse em razão de seus potenciais impactos econômicos e sociais.

Em função desse entendimento, nossa tese é a de que há *cinco dimensões* estruturais para serem estudadas em detalhe quando se discute a IoT no Brasil e o que deveríamos fazer para que ela fosse importante para o país. Tais dimensões são as de *complexidade* do problema e do fenômeno econômico, *produtos intensivos* em *serviços, ecossistemas empresariais e organizacionais* e *governança* necessárias para o desenvolvimento econômico, social e sustentado da internet das coisas no Brasil. Vale salientar, e tratamos com destaque, que nada será possível se não desenvolvermos as competências humanas e de relação com o mercado demandadas nesse contexto.

Nesse sentido, busca-se estruturar uma *visão estratégica da IoT* para o Brasil, tratando a complexidade das questões que interferem

---

[1] ROSE, Karen; ELDRIDGE, Scott; CHAPIN, Lyman. The internet of things: an overview — understanding the issues and challenges of a more connected world. *The Internet Society*, out. 2015.

[2] Ibid.

em seu desenvolvimento técnico, social, econômico e, claro, seus usos.[3] Para delinear tal *estratégia nacional de IoT*, valemo-nos de três pressupostos básicos. Em primeiro lugar, buscamos evidenciar quais foram as principais políticas públicas de impacto econômico (marcadamente políticas industriais) desenvolvidas nos anos recentes no Brasil, apontando suas origens e desdobramentos. Em seguida, procuramos apresentar um modelo interpretativo sobre como pode ser entendido, do ponto de vista da *economia organizacional*, o fenômeno da internet das coisas. Finalmente, a partir desses pressupostos, entendemos que seria possível definir uma *visão estratégica para a IoT no Brasil* consentânea com uma *visão estratégica de desenvolvimento do Brasil*.

A experiência recente de políticas públicas de impacto econômico

Até o presente momento, foram editadas quatro versões de política industrial no Brasil. Em março de 2004, foi lançada a Política Industrial, Tecnológica e de Comércio Exterior (Pitce). Depois, sucederam-se a Política de Desenvolvimento Produtivo (PDP), de maio de 2008, o Plano Brasil Maior (PBM), divulgado em agosto de 2011, e, finalmente, o Plano Brasil Mais Produtivo, lançado em abril de 2016 (que não será tratado aqui por ainda ser muito recente).

Um diagnóstico do que aconteceu nesse período pode ser brevemente assinalado a partir de uma das narrativas mais reconhecidas. De acordo com o economista David Kupfer, refletindo o contexto da crise cambial de 1999, a Pitce buscava enfrentar o problema da *vulnerabilidade externa* do país.[4] Para tanto, foi concebida uma política ativa de agregação de valor às exportações nacionais com base na inovação. O foco da Pitce foi direcionado para setores intensivos em tecnologia,

[3] Essa abordagem é aquela que o consórcio Poetas.IT entende como a mais consistente para capitalizar as mudanças tecnológicas e organizacionais proporcionadas pela IoT, no contexto brasileiro, de forma a gerar valor agregado localmente, ganhos de produtividade e inserção global do país no ambiente de tecnologia.

[4] KUPFER, David. Dez anos de política industrial. *Valor Econômico*, 8 jul. 2013.

como bens de capital, semicondutores e software, que poderiam transmitir ganhos de produtividade para o restante da indústria, além de abrir oportunidades para desenvolver o sistema nacional de inovação.

Porém, como aponta Kupfer, o rápido e intenso aprimoramento dos termos de troca do comércio exterior brasileiro possibilitou uma melhoria já em 2004, propiciando desde então saldos comerciais exuberantes a partir dos próprios produtos básicos, e não dos produtos de maior conteúdo tecnológico projetados pela Pitce. Com isso, o fluxo de capitais externos inverteu a direção, o real apreciou-se, o PIB acelerou; enfim, houve uma *verdadeira ruptura* no cenário econômico que havia fornecido o diagnóstico de base da Pitce poucos anos antes. Kupfer salienta que o principal legado da Pitce se ateve ao fortalecimento da base institucional da política industrial e tecnológica (criação do CNDI, da ABDI, Lei do Bem, Lei da Inovação etc.).

Ainda se valendo da análise de Kupfer, o reconhecimento dessa transformação no *modus operandi* da economia brasileira levou à formulação da PDP em uma nova racionalidade. Como explicitado no diagnóstico da PDP, o Brasil estava, ao final de 2007, com os fundamentos macroeconômicos em ordem e havia sido recém-agraciado com o grau de investimento, com implicações positivas sobre a confiança e a redução do custo de capital. Crédito, mercados de capitais, empregos e salários se expandiam, enquanto as empresas se encontravam capitalizadas, prontas para investir. Com o mote "inovar e investir para sustentar o crescimento", a PDP visou exatamente alavancar esse processo de investimento.

Para tanto, a PDP elaborou um minucioso mapa de ações abrangendo 25 setores entre candidatos a se consolidar como líderes mundiais, a receber programas de fortalecimento da competitividade ou abrigar ações de mobilização em áreas estratégicas. Contudo, com destaca Kupfer, a grande crise financeira internacional, que atingiu seu ápice poucos meses após o lançamento da PDP, pôs em xeque as diretrizes da política. Com isso, a PDP acabou exercendo mais um *papel anticíclico* — sem dúvida crucial para a saída em "V" da crise já em 2010 — e menos a esperada função transformadora do padrão de investimento da economia.

Elaborado sob a expectativa de que o pior da crise havia ficado para trás, o PBM, segundo Kupfer, centrou seus objetivos na *criação de com-*

petências, visando ao *adensamento produtivo e tecnológico das cadeias de valor*. A frustração dessa expectativa, aliada aos sinais cada vez mais visíveis de acirramento da concorrência internacional nos mercados interno e externo, foi forçando o plano a se direcionar para a *defesa do mercado doméstico* e a recuperação das condições sistêmicas da competitividade, com foco mais diretamente nos fatores formadores do custo-país e menos nas ações estruturantes de seus programas setoriais.

Encerrando essa narrativa, Kupfer (que só analisou três das edições de políticas citadas) fez um balanço do período de 2003 a 2013, apontando para três questões. Primeiro, 10 anos, segundo ele, não são suficientes para o tempo do processo de mudança estrutural, que, como mostra a literatura, pode requerer períodos muito mais longos, da ordem de 25 anos. Segundo, embora mais proeminente, a política industrial permaneceu como uma linha auxiliar da política macroeconômica, não logrando encontrar um espaço próprio de atuação. Terceiro, e provavelmente mais importante, a política industrial brasileira ainda não se mostrou capaz de pensar à frente de seu tempo, sendo sempre surpreendida por rupturas em seu diagnóstico de base.

As cinco dimensões estruturais

A dimensão da complexidade do problema

Partimos do pressuposto de que qualquer tentativa de desenhar, implementar, operar e avaliar políticas públicas para a IoT deve assumir que o fenômeno da IoT no mundo tem uma natureza complexa e que por isso seu desenvolvimento demanda uma gestão estratégica.

Complexidade, do ponto de vista sistêmico, diz respeito a um sistema composto por vários agentes e subsistemas, interconectados, que exercem influência uns sobre os outros, mas que são passíveis de análise. Assim, quando nos referimos à IoT como um fenômeno complexo, isso não significa que seja um fenômeno complicado no sentido de ser difícil de entender.

Para entender melhor o sentido de complexidade ao qual nos referimos, observe o diagrama de tomada de decisão de Stacey (figura 1). De acordo com essa imagem, um problema pode ser classificado em simples, complicado, complexo ou caótico, dada a combinação de dois eixos de certezas, que variam entre um maior e um menor consenso entre os envolvidos na decisão sobre o que deve ser feito: o primeiro eixo se refere aos requisitos demandados para a superação dos problemas (*exigências*); o segundo, às possíveis soluções e suas respectivas viabilidades (*tecnologia*).

A região na qual os problemas são os mais simples e de mais fácil solução é aquela em que os agentes têm mais certeza da solução e estão em maior acordo sobre ela (região que requer uma gestão considerada "ordinária"). No extremo oposto, está a região do caos, em que não existe certeza sobre os problemas e suas potenciais soluções, tampouco qualquer possibilidade de acordo. Entre esses dois extremos (simples e caótico), está a região da complexidade, em que se faz necessária uma gestão diferenciada (extraordinária), estratégica para abordagem do problema.

FIGURA 1 | DIAGRAMA DE RALPH STACEY

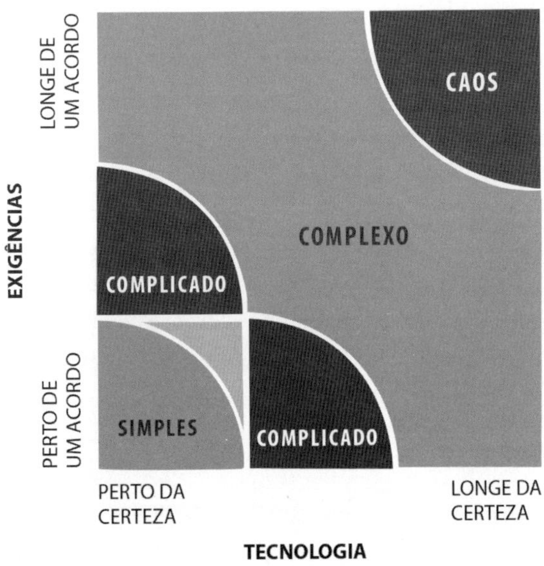

Fonte: <http://managedagile.com/>. Acesso em: set. 2017.

Dessa forma, entendemos que tratar a IoT no Brasil é uma questão complexa (em função da economia organizacional que compreende e da multiplicidade de dimensões e agentes envolvidos), que demanda uma estratégia que assuma uma fuga das regiões consideradas complicadas (em que há uma boa certeza do que deve ser feito, porém sem acordo, ou há um acordo sobre fazer alguma coisa, porém sem a certeza do que tem de ser feito), sem também encarar a questão como algo radicalmente caótico.

Nas subseções seguintes, apresentamos um conjunto de análises do fenômeno da IoT pelas seguintes perspectivas: a da complexidade econômica; a da complexidade tecnológica; a da complexidade empresarial e organizacional; a da governança da internet (das coisas e das pessoas).

A dimensão da complexidade do fenômeno econômico

Uma segunda dimensão importante para entender o problema é assumir a natureza da complexidade do fenômeno econômico subjacente ao desenvolvimento da IoT. Devido à economia organizacional envolvida na IoT, o que compreende sua estrutura e sua dinâmica econômica, bem como a multiplicidade de tecnologias e modelos de negócios e de relações entre os diversos agentes envolvidos, é possível afirmar que a IoT é uma temática que envolve uma complexidade poucas vezes enfrentada nos domínios tanto da intervenção privada quanto da intervenção pública quando se fala de políticas públicas baseadas em ou habilitadas por tecnologia. É uma iniciativa cujas escolhas demandam também uma abordagem teoricamente bem fundamentada.

Um imperativo da economia é a necessidade, diante da escassez de recursos, de fazer escolhas. No entanto, tais escolhas podem ser estabelecidas tendo em vista o futuro crescimento econômico, ou o futuro desenvolvimento econômico:

- O crescimento econômico é um processo por meio do qual a renda *per capita* (PIB/população) de determinada sociedade se eleva persistentemente. Acompanhando esse crescimento, ocorrem transformações estruturais quantitativas e qualitativas, tais como diminuição nas taxas brutas de natalidade e de mortalidade (que alteram a estrutura etária da população e da força de trabalho), ampliação do sistema escolar e de saúde, maior acesso aos meios de transporte, de comunicação, maior integração com outras economias mundiais e aumento da produtividade média da economia nos diferentes setores da atividade econômica.

- O desenvolvimento econômico e humano, por sua vez, pressupõe que, paralelamente ao processo de crescimento, a maior parte da população dessa sociedade seja a principal beneficiária das mudanças em andamento. Entende-se que, ao longo do tempo, devam ocorrer melhorias no padrão de vida material, nas condições de saúde, a ampliação do tempo de vida, o fortalecimento do exercício da cidadania, mais oportunidades de aperfeiçoamento pessoal e não comprometimento da sustentabilidade do meio ambiente.

Em função do fato de que o crescimento econômico não necessariamente leva ao desenvolvimento econômico e humano (ou ao desenvolvimento social), bem como em função do fato de que ainda não são efetivamente conhecidos os caminhos mais rápidos para alcançar esses dois processos, ao longo dos últimos anos vários indicadores têm sido estabelecidos para caracterizar o avanço das economias e das sociedades, entre os quais: o índice de desenvolvimento humano (IDH, das Nações Unidas); o índice de competitividade global (do Fórum Econômico Mundial); indicadores de governança global (do Banco Mundial); o índice de inovação global (da Organização Mundial de Propriedade Intelectual); o índice de progresso social (da organização denominada Imperativo do Progresso Social).

Para superar o desafio do crescimento com desenvolvimento, a abordagem da "complexidade econômica" ou "capacidade computacional" argumenta que os países mais ricos são aqueles com maior capacidade computacional para processar informação e gerar produtos em uma intricada rede produtiva. Usando a pauta exportadora de determinada economia, por meio dessa abordagem é possível medir de forma indireta a sofisticação tecnológica de seu tecido produtivo. Os dois conceitos básicos para avaliar se um país é complexo ou sofisticado economicamente são a ubiquidade e a diversidade de produtos encontrados em sua pauta exportadora.

Para entender esses conceitos, é necessário associar o problema da escassez relativa, especialmente de produtos naturais, como diamantes e urânio. Bens não ubíquos são divididos entre os que têm alto conteúdo tecnológico e, portanto, são de difícil produção (como aviões), e aqueles altamente escassos na natureza (como o nióbio) e, portanto, não naturalmente disponíveis em larga escala e dispersão.

A fim de controlar esse problema de recursos naturais escassos na medição da complexidade, a abordagem da complexidade adota a seguinte técnica: compara a ubiquidade do produto feito em determinado país com a diversidade de produtos que esse país é capaz de exportar. Por exemplo: Botsuana e Serra Leoa produzem e exportam algo raro e, portanto, não ubíquo: diamantes brutos. Mas sua pauta exportadora é extremamente limitada e não diversificada. Há aqui, então, casos de não ubiquidade sem ocorrência de complexidade.

No extremo oposto estão produtos como equipamentos médicos de processamento de imagem, algo que praticamente só Japão, Alemanha e EUA conseguem fabricar competitivamente — decerto produtos não ubíquos. Só que, nesses casos, as pautas de exportação dos três países são extremamente diversificadas. Ou seja, não ubiquidade com diversidade significa "complexidade econômica". Um país que tenha uma pauta muito diversificada, mas com bens ubíquos (como peixes, tecidos, carnes, minérios), não apresenta grande complexidade econômica; faz o que todos fazem. Ou seja, diversidade com ubiquidade significa falta de complexidade econômica.

Essa é a abordagem que está na raiz do *economic complexity index* (índice de complexidade econômica). Esse índice tem uma versão brasileira, o Data Viva, fruto de uma parceria entre o MIT Media Lab e o governo do estado de Minas Gerais. O índice atribui um peso à informação contida em cada produto, do material à tecnologia e aos processos de gestão necessários para que ele seja criado. Logo, a complexidade dos produtos de uma região revela muito mais sobre ela do que o PIB, pois reflete os investimentos em educação e o tempo de escolaridade da população, por exemplo. Um bom exemplo do potencial dessa metodologia pode ser aquilatado na visualização da balança comercial do Recife (figura 2), em que se observa que essa cidade importa vários produtos, como instrumentos médicos, o que indica a existência de uma base de recursos humanos relativamente sofisticada (em termos de domínio de conhecimento científico e tecnológico) que faz uso desses instrumentos.

FIGURA 2 | IMPORTAÇÕES DO RECIFE (2016)

Fonte: Dataviva, 2015.

Por outro lado, Recife exporta produtos (figura 3), tais como compressores de ar e conjuntos de geradores elétricos, que são indicativos de que uma base de fabricação de bens de capital sofisticados existe naquela cidade, traduzindo uma competência específica (em metalomecânica e elétrica) em produzir tais bens.

FIGURA 3 | EXPORTAÇÕES DO RECIFE (2016)

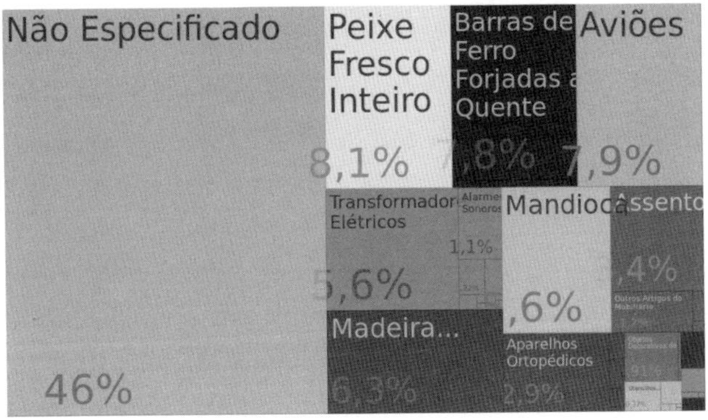

Fonte: Dataviva, 2015.

No contexto do que descrevemos neste item, sugerimos políticas públicas para a IoT em torno de um conjunto de componentes que possam promover, se implementados apropriadamente, uma economia de IoT complexa no Brasil e em muitas de suas regiões, e, ao mesmo tempo, que faça com que essa nova economia de IoT seja uma das alavancas para o aumento da complexidade das outras economias brasileiras, tanto em produtos quanto em serviços. A IoT tem o potencial de criar tais sinergias.

A dimensão dos produtos intensivos em serviços

Outra dimensão do problema é aquela que procura atentar para a estrutura e a dinâmica da economia brasileira à luz das economias que se sofisticam em termos de tecnologias e negócios. Um dos fatos estilizados mais marcantes das economias mais desenvolvidas do mundo é a forte predominância de seus *setores de serviços* na geração de emprego e renda, quando comparados com os demais (agricultura e indústria marcadamente).

Outro fato estilizado é o crescente papel dos *serviços na habilidade dos segmentos industriais de se distinguir dos competidores*. A literatura recente tem indicado que inovações tecnológicas e organizacionais estão surgindo juntas de tal forma que acendem a esperança de uma "renascença" da atividade industrial nos países da Organização para a Cooperação e Desenvolvimento Econômico (OCDE).[5] Em particular, mídias sociais e máquinas e ferramentas capazes de produzir pequenas quantidades de produtos de design a baixos custos têm trazido para o mercado uma camada de novas empresas inovadoras com o potencial de preencher as lacunas que foram abertas durante a grande recessão.

Estudos apontam as relações entre a competitividade do setor industrial e a qualidade de serviços-chave de suporte. Hildegunn Kyvik Nordås e Yunhee Kim, por exemplo, observaram que em países de baixa renda o impacto da qualidade dos serviços e das políticas na competitividade é maior nas indústrias de baixa tecnologia; nos países de renda média, é maior nos setores de média tecnologia; em países de alta renda, é maior em indústrias de média e alta tecnologia.[6] Isso sugere que melhores serviços contribuem para um movimento de ascensão na cadeia de valor em indústrias nas quais um país já tem capacidade tecnológica e vantagem comparativa, mas serviços melhores, por eles próprios, podem não estimular a diferenciação de produtos num país que esteja distante da fronteira competitiva — ao menos no curto prazo. Logo, reformas políticas necessárias são a simplificação de procedimentos para a garantia de aplicação de contratos, a liberalização de investimento direto estrangeiro, o fortalecimento de regulações pró-competição de redes de serviços e a eliminação de tarifas.

Dessa forma, como é a relação entre a indústria e os serviços no Brasil? Os serviços estão contribuindo para aumentar a competitividade da indústria? Arbache defende que a agenda dos serviços está ganhando relevância em razão de sua crescente importância para ex-

---

[5] NORDÅS, Hildegunn Kyvik; KIM, Yunhee. The role of services for competitiveness in manufacturing. *OECD Trade Policy Papers*, n. 148, p. 4, 2013.
[6] Ibid.

plicar o desempenho das empresas, o tipo de participação dos países nas cadeias globais de valor e o crescimento sustentado.[7] O principal canal de transmissão entre a indústria e os serviços são as mudanças que ocorrem na natureza dos bens manufaturados, que estão se combinando com os serviços por meio de uma relação cada vez mais sinérgica e simbólica para formar um terceiro produto, que nem é um bem industrial tradicional, tampouco um serviço convencional.

Michael Porter e James Heppelmann apresentam uma dessas mudanças na natureza dos bens por meio do que denominam *smart connected products* (produtos inteligentes conectados — PICs) e sugerem o exemplo de um trator.[8] Na figura 4, um trator isolado é apenas um produto industrial usado para aumentar a produtividade da agricultura. Adicionando-se um computador a esse trator, ele passa a ser reconhecido como um *produto inteligente*. Se a esse trator inteligente for estabelecida uma conectividade (por meio de qualquer dispositivo móvel), ele será um *produto inteligente conectado*, que pode acessar tanto diversas etapas de seu sistema produtivo quanto informação de outros sistemas produtivos, o que pode resultar na modificação do comportamento do trator no "seu" sistema.

Outro aspecto a se notar na mudança da natureza dos bens é aquele que ocorre na indústria de tecnologias de informação e comunicação (TICs), quando cada vez mais se percebe (devido às inovações tecnológicas e organizacionais) a transformação dos principais bens desse setor em serviços (figura 5), tais como aqueles que compõem as principais camadas dos modelos de negócios baseados em *cloud computing* (computação em nuvem): (1) IaaS (*infrastructure as a service*: infraestrutura como serviço); (2) PaaS (*platform as a service*: plataforma como serviço); (3) SaaS (*software as a service*: software como serviço).

---

[7] ARBACHE, Jorge. *Serviços e competitividade industrial no Brasil*. Brasília: CNI, 2014.

[8] PORTER, Michael; HEPPELMANN, James. How smart connected products are transforming competition. *Harvard Business Review*, nov. 2014.

FIGURA 4 | PRODUTOS INTELIGENTES CONECTADOS (PICS)

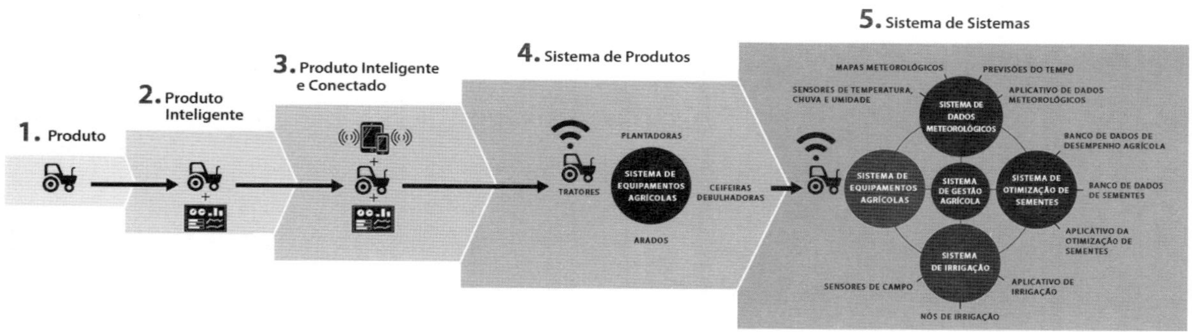

A crescente capacidade dos produtos inteligentes e conectados não só dá nova forma à concorrência dentro das indústrias, mas também expande os limites industriais. Isso ocorre conforme a base da concorrência muda de produtos isolados para sistemas de produtos que consistem em produtos estreitamente relacionados, para sistemas de sistemas que ligam uma gama de sistemas de produtos juntos.

Fonte: Michael Porter e James Heppelmann, "How smart connected products are transforming competition", op. cit.

FIGURA 5 | CAMADAS DE SERVIÇOS DO MODELO DE NEGÓCIO DA CLOUD COMPUTING

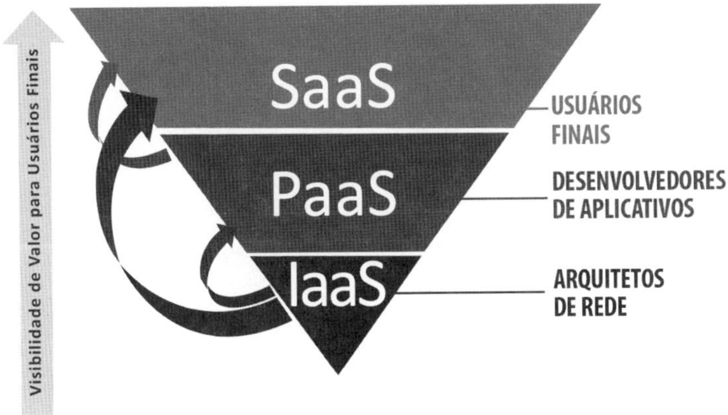

Fonte: Blog Wesley Porfírio.

A título de exemplo, na chamada indústria de games (jogos digitais) para dispositivos móveis, o modelo de negócios largamente dominante é o *free to play*, em que não se paga para jogar, mas apenas para obter certos itens (bens virtuais) dentro do jogo.[9] Nessa abordagem, chamada *de game as service*, para maximizar seu ganho o desenvolvedor precisa compreender o comportamento e as preferências dos jogadores. Para tanto, o desenvolvedor gasta hoje apenas cerca de 20% do orçamento para lançar um produto e todo o restante para (1) adquirir e analisar grandes quantidades de dados sobre o comportamento dos jogadores e (2) modificar o jogo de acordo com esse entendimento.

Assim, fica claro que a relação entre o desenvolvedor/fabricante e o consumidor não se encerra quando o bem é vendido, mas se prolonga permitindo o aperfeiçoamento do produto a partir do melhor entendimento de seu uso pelo consumidor. Isso só é possível em jogos porque há como obter dados online da experiência de uso do produto. À me-

[9] ALHA, Kati et al. Free-to-play games: professionals' perspectives. *Nordic DiGRA*, 2014.

dida que as coisas se tornam conectadas, podendo oferecer dados sobre seu uso efetivo pelos clientes-alvo, novos modelos de negócios, novos serviços e novos produtos tenderão a aparecer, e neles haverá uma forte sinergia de serviço com produto, mudando substancialmente a relação entre produtor e consumidor.

É certo que a IoT possibilitará um grande aumento de eficiência, mas grandes oportunidades de inovação e ganhos existirão da porta da fábrica para fora: na inovação do produto, ou na forma de comercialização dos produtos (ou sobre o que eles entregam). Os PICs reduzem a distância entre quem produz e quem usa o produto, criando um fluxo contínuo de troca de dados entre as duas pontas da cadeia de produção. Por serem intensivos em software (híbridos de hardware e software), facilitam o desenvolvimento de novas aplicações e a melhoria contínua de aplicações existentes (que modificam o próprio produto).

Também é esperado, com a hibridização do produto, que novos modelos de negócios, mais similares aos praticados na indústria de software, sejam explorados e acelerem a orientação a serviços da indústria de bens. Em estudo conduzido na Eindhoven University of Technology sobre modelos de negócios para a IoT, Dijkman e colaboradores ressaltam a importância do software nos negócios da IoT: desenvolvedores de software e softwares são apontados respectivamente como os tipos mais importantes nos blocos de modelo de negócios — parceiros-chave e recursos-chave da pesquisa.[10] Adicionalmente, *subscription fee* e *usage fee* aparecem como os principais tipos no bloco de fluxos de receita das empresas pesquisadas. São tipos de fluxos de receita que conferem ao consumidor não a posse, como a compra de um produto, mas o uso, como um serviço, do que é entregue.

As mudanças provocadas pela IoT no produto levantam questões importantes quanto ao foco a se dar nessa transição. Continuaremos

---

[10] DIJKMAN, Remco M. et al. Business models for the internet of things. *International Journal of Information Management*, Eindhoven, p. 672-678, dez. 2015.

pagando pelo produto em si, ou pelo que ele entrega? Uber e Airbnb crescem exponencialmente sem possuir um único ativo que operem para entregar um serviço (transporte e hospedagem, respectivamente), e outras organizações, como a Serttel e a Brastemp, exploram modelos *pay per use* com bicicletas e purificadores de água. Quem consome o que essas empresas entregam, consome o que seus produtos entregam na forma de serviços. Os produtos manufaturados, os carros, os quartos, as bicicletas e os purificadores de água são meios para que a entrega dos serviços possa ocorrer e, portanto, parte substituível e de menor valor na cadeia de entrega do serviço.

Nessa linha de raciocínio, integrar os serviços ao núcleo das políticas industriais, tecnológicas, comerciais e de investimentos parece ser uma estratégia fundamental para elevar a complexidade e competitividade industrial e da economia como um todo.

Muito além de redes de sensores e atuadores, a internet das coisas será uma rede de *produtos intensivos* em *serviços*. Isso terá implicações de grande monta para, por exemplo, a indústria, no sentido clássico da "indústria que fabrica produtos". Tomando como exemplo a indústria automotiva, que tem grande dimensão econômica no Brasil, já é possível notar que alguns dos níveis de serviços que estão se estabelecendo globalmente, como mercados em rede para mobilidade pessoal baseada em autos de terceiros, caso do Uber, passam longe da economia brasileira, porque estão muito distantes das capacidades de inovação, investimento de risco e empreendedorismo do país. Seremos só consumidores em espaços como Uber?

Continuando com o exemplo da indústria de autos, entendemos que a IoT vai dividir os espaços de negócios das empresas com foco em produtos (produção/venda de ativos) ou foco na entrega (produção/venda de serviços) pelo eixo de produtos mecânicos e isolados (PMI) a produtos inteligentes e conectados (PIC), criando quatro possíveis cenários de atuação: (1) produção/venda de PMI; (2) produção/venda de PIC; (3) operação de PIM; ou (4) operação de PIC (figura 6).

FIGURA 6 | CENÁRIOS DE ATUAÇÃO
DA INDÚSTRIA DE AUTOS/TRANSPORTE

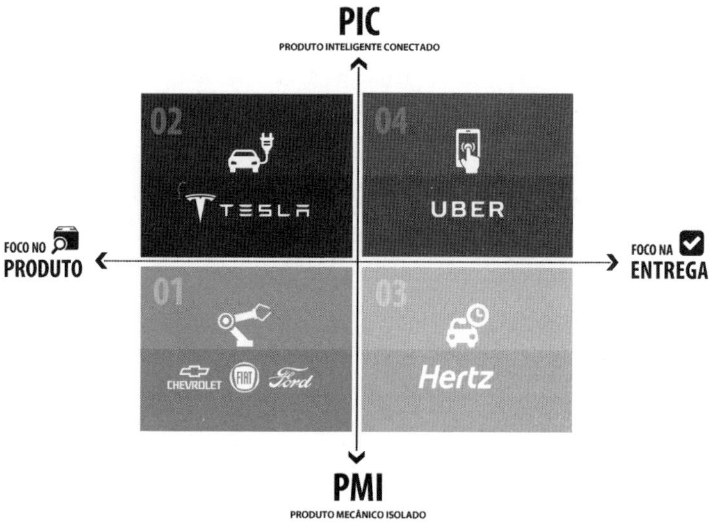

Fonte: Centro de Estudos e Sistemas Avançados do Recife (Cesar).

Cada um dos novos cenários, ou a combinação deles, apresenta diferentes desafios. Mas, certamente, a cadeia será puxada pelos participantes do espaço 4, enquanto os que persistirem no espaço 1 serão comoditizados (quem pede um Uber não chama por um GM, um Ford ou um Fiat: simplesmente pede transporte do ponto A para o ponto B). O Uber, com ou sem motorista, é uma coisa, na IoT, um *produto intensivo* em *serviços*, que tem um imenso potencial de mudar que valor é agregado, majoritariamente, como e onde, por e para quem, em sua rede de produção e uso, alterando dramaticamente o que entendemos por "carro", hoje.

O redesenho das políticas brasileiras para produção, em todos os sentidos, no futuro, passa pelo entendimento de *produtos intensivos* em *serviços* e seu papel na economia local e global, e esse será um dos principais impactos da IoT — e políticas para ela — no setor industrial brasileiro nas próximas décadas.

A dimensão dos ecossistemas empresariais e organizacionais

A expressão *alta tecnologia* se refere àquilo que está na ponta, na fronteira: a mais avançada tecnologia. Ela é frequentemente usada com referência à microeletrônica, mais do que a outras tecnologias. E talvez nenhuma outra indústria seja mais famosa do que aquela do Vale do Silício nos EUA.

Apesar do desenvolvimento de outros centros econômicos de alta tecnologia nos EUA e no mundo, o Vale do Silício continua a ser o *hub* líder para inovação de alta tecnologia e desenvolvimento, representando algo como 40% de todo o investimento em capital de risco nos EUA, de acordo com a PricewaterhouseCoopers e a National Venture Capital Association.[11]

Apesar de ninguém disputar tal fama internacional, ainda é pouco compreendido por que o Vale do Silício originou tantas inovações de ponta e grandes companhias. Uma visão reconhecida percebe que a presença de empresas de capital de risco em um *cluster* inovador abre potenciais interações específicas com outros agentes na rede (universidades, grandes empresas, laboratórios) que determinam uma dinâmica particular de inovação. Nessa perspectiva, conforme observa José Carlos Cavalcanti, o que é distintivo sobre o Vale do Silício é seu completo e robusto complexo sistema de inovação suportado por redes sociais de agentes econômicos interdependentes em que as empresas de capital de risco têm uma função específica (caracterizada por cinco diferentes contribuições: financiamento, seleção, aprendizado coletivo, incorporação e sinalização).[12]

Essa parece ser uma explicação razoável para a capacidade inovadora complexa do vale, bem como a heterogeneidade dos agentes e de seus laços. No entanto, se alguém deseja entender por que e como aqueles

---

[11] Ver: <http://bit.ly/poetasit-05>. Acesso em: 17 mar. 2017.

[12] CAVALCANTI, José Carlos. *The essential trinity in high-tech industries*: ecosystem + platform + architecture. VIII Research Workshop on Institutions and Organizations. RWIO Center for Organization Studies — CORS. São Paulo, 2013.

agentes do vale (e outros *clusters* de alta tecnologia) são organizados, e as razões de suas formas específicas de organização, tal explicação pode ser considerada necessária, mas não suficiente para levar em consideração um conjunto de questões econômicas inerentes a esses *clusters* de alta tecnologia, tais como: por que e como algumas empresas emergentes (*startups*) escalam globalmente mais rapidamente do que outras? Por que e como algumas empresas cooperam e competem simultaneamente em mercados globais? Por que e como algumas empresas superam outras em indústrias de alta tecnologia?

Para dar conta dessas questões, Cavalcanti desenvolveu uma nova explicação de por que um *cluster* de alta tecnologia, como o Vale do Silício, é um sucesso econômico internacional.[13] Segundo o autor, para uma indústria de alta tecnologia ter êxito internacional não é necessário apenas ter um ecossistema de empresas e organizações relacionadas; o que é determinante é que esse *ecossistema* seja levado a desenvolver *plataformas globais* de produtos, processos e serviços, e que essas plataformas sejam baseadas em sólidas *arquiteturas* industriais e de negócios. Esse é o conceito por ele denominado *trindade essencial*. E o que esses três conceitos combinados representam?

A observação das complexas indústrias de alta tecnologia (como as de IoT) dos dias atuais trouxe para o centro das discussões a ideia de que, em muitos casos, as indústrias podem ser mais bem analisadas como redes de empresas interconectadas ou *ecossistemas de empresas* para tentar capturar a característica multidimensional e a complexidade das relações das empresas.[14] As *plataformas industriais* são blocos construtivos tecnológicos que agem como um alicerce em que uma série de empresas, organizadas em um conjunto de empresas interdependentes, desenvolve um conjunto inter-relacionado de produtos, tecno-

---

[13] Ibid. Ver também: CAVALCANTI, José Carlos. *Effects of IT on enterprise architecture, governance and grow*. IGI-Global, 2015.

[14] TEE, Richard; GAWER, Annabelle. Industry architecture as a determinant of successful platform strategies: a case study of the i-mode mobile internet service. *European Management Review*, v. 6, n. 4, p. 217-232, 2009.

logias e serviços.[15] Uma *arquitetura industrial* concentra-se nas formas em que as atividades ao longo de uma cadeia de valor são divididas entre os participantes da indústria, prestando atenção a papéis particulares da empresa, interdependências e modos como tais organizações tentam organizar a divisão do trabalho dentro da indústria.[16] Em outras palavras, o conceito define a maneira pela qual as regras e os papéis são distribuídos entre as empresas que interagem. Sendo assim, a "trindade essencial" de uma indústria de alta tecnologia pode ser representada pela figura 7.

FIGURA 7 | TRINDADE ESSENCIAL

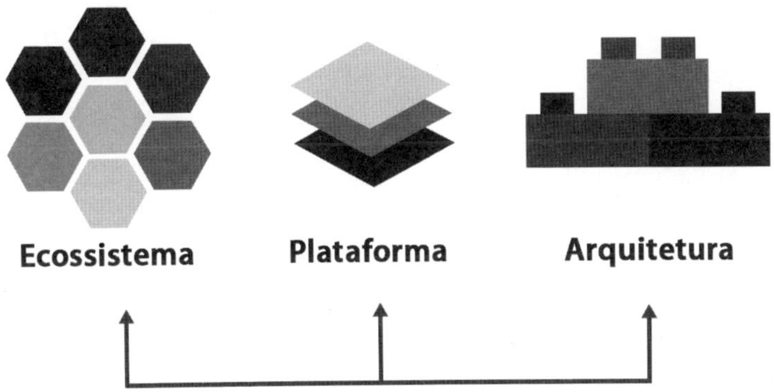

Fonte: José Carlos Cavalcanti, "The essential trinity in high-tech industries", op. cit.

Os ecossistemas de empresas e organizações relacionadas podem ser definidos por múltiplos ecossistemas específicos. No limite, o que interessa é o entendimento de que estamos tratando de um modo de perceber uma forma de organização do ecossistema de IoT, tal como aquela sugerida pela empresa Gartner.[17]

---

[15] Ibid.

[16] JACOBIDES, Michael G. The architecture and design of organizational capabilities. *Industrial and Corporate Change*, v. 15, n. 1, fev. 2006.

[17] Ver: <http://bit.ly/poetasit-06>. Acesso em: 30 abr. 2017.

As plataformas podem ser observadas segundo diversas características e contextos. Tee e Gawer, por exemplo, apresentam uma interessante tipologia sobre as plataformas, classificando-as como plataformas internas às empresas, plataformas de cadeias de suprimentos, plataformas de indústria e plataformas de indústrias de múltiplos mercados, como pode ser visto no quadro 1.

QUADRO 1 | TIPOLOGIA DAS PLATAFORMAS

Tipo de Plataforma	Plataformas internas	Plataformas de cadeia de suprimentos	Plataformas da indústria	Mercados ou plataformas multilaterais
Contexto	Dentro da empresa	Dentro de uma cadeia de suprimentos	Ecossistemas da indústria	Indústrias
Número de participantes	Uma empresa	Diversas empresas dentro de uma cadeia de suprimentos	Diversas empresas que não necessariamente compram ou vendem entre si, mas cujos produtos/serviços devem funcionar em conjunto como parte de um sistema tecnológico	Diversas empresas (ou grupos de empresas) que transacionam entre si, por meio do intermediário de um mercado bilateral (ou multilateral)
Objetivos da plataforma	• Aumentar a eficiência produtiva da empresa • Produzir variedade com menores custos • Obter personalização em massa • Aprimorar a flexibilidade no desenho de produtos novos	• Aumentar a eficiência produtiva da empresa ao longo da cadeia de suprimentos • Produzir variedade com menores custos • Obter personalização em massa • Aprimorar a flexibilidade no desenho de produtos novos	Para o proprietário da plataforma: • Estimular e capturar valor de inovação externa e complementar Para complementadores: • Beneficiar-se da base instalada da plataforma e dos efeitos de rede diretos e indiretos da inovação complementar	• Facilitar as transações entre lados diferentes da plataforma ou do mercado
Regras de desenho	• Reutilização de componentes modulares • Estabilidade da arquitetura do sistema	• Reutilização de componentes modulares • Estabilidade da arquitetura do sistema	• Interfaces ao redor da plataforma permitem a inclusão de e inovação em complementos	• Geralmente não é abordado na literatura de economia*
Uso final do produto acabado, serviço ou tecnologia	• É conhecido antecipadamente e definido pela empresa	• O uso final é definido pelo montador integrador da cadeia de suprimentos • O uso final é conhecido antecipadamente	• Variedade de usos finais • Os usos finais podem não ser conhecidos antecipadamente	• Normalmente não é uma variável de interesse na literatura de economia
Principais perguntas feitas na literatura	• Como reconciliar baixo custo e variedade entro de uma empresa?	• Como reconciliar baixo custo e variedade dentro de uma cadeia de suprimentos?	• Como o proprietário de uma plataforma pode estimular inovação complementar e ao mesmo tempo obter vantagem dela? • Como incentivos para a criação de inovação complementar podem ser embutidos no desenho da plataforma?	• Como precificar o acesso ao mercado bilateral (ou multilateral) para diferentes grupos de usuários, para garantir sua adoção do mercado como um intermediário?

Observação: *Com exceção de Parker and Van Alstyne (2005) e Hagiu (2007a), que abordam questões que são centrais para a literatura sobre plataformas de indústria.

Fonte: Richard Tee e Annabelle Gawer, "Industry architecture as a determinant of successful platform strategies", op. cit.

FIGURA 8 | KNOT: ARQUITETURA GENÉRICA DE IOT PARA RESULTADOS DE NEGÓCIOS

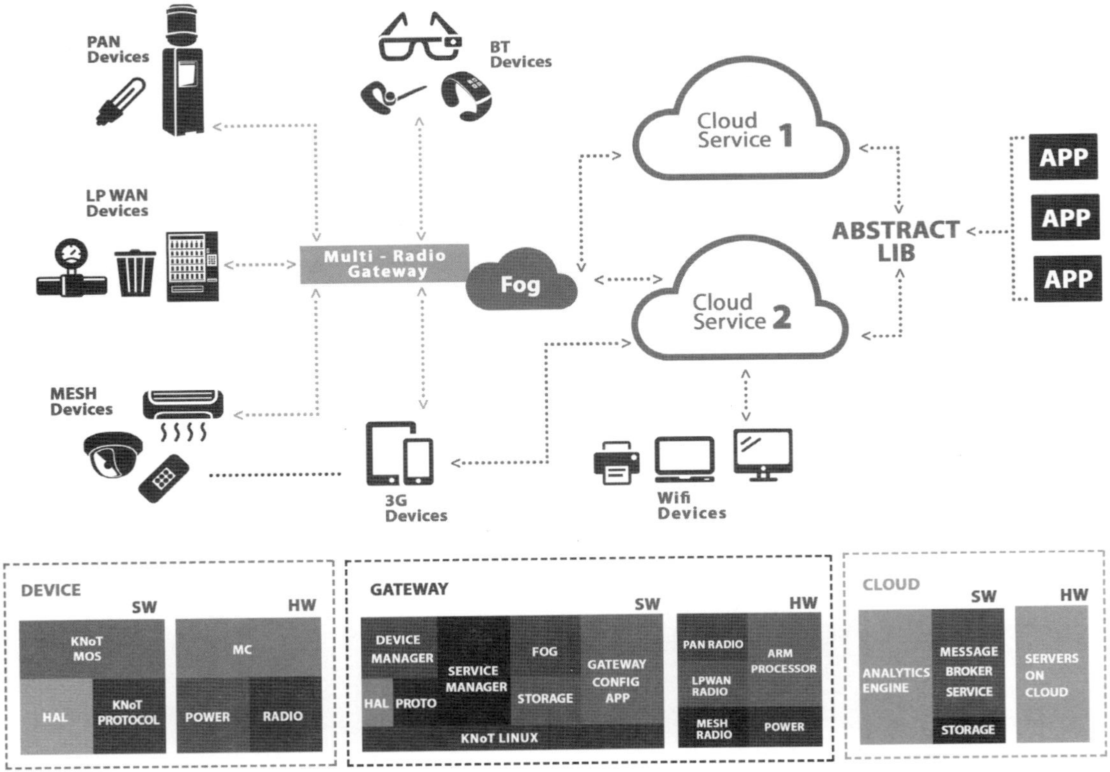

Fonte: Centro de Estudos e Sistemas Avançados do Recife (Cesar).

Assim como as plataformas, as arquiteturas podem ser também observadas segundo diversas características e em diferentes contextos. Elas podem constituir arquiteturas genéricas, como é o caso daquela sugerida pelo Centro de Estudos e Sistemas Avançados do Recife (Cesar) para a IoT (figura 8), ou podem ser arquiteturas de software (figura 9), ou mesmo arquiteturas de dados (figura 10).

FIGURA 9 | ARQUITETURA DE SOFTWARE

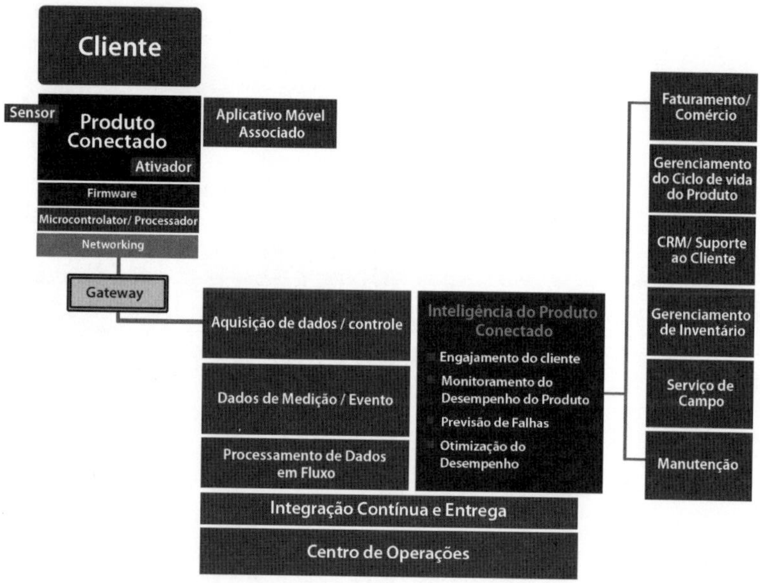

Fonte: Cloud Computing Excellence.

FIGURA 10 | ARQUITETURA ESTRATÉGICA DE DADOS

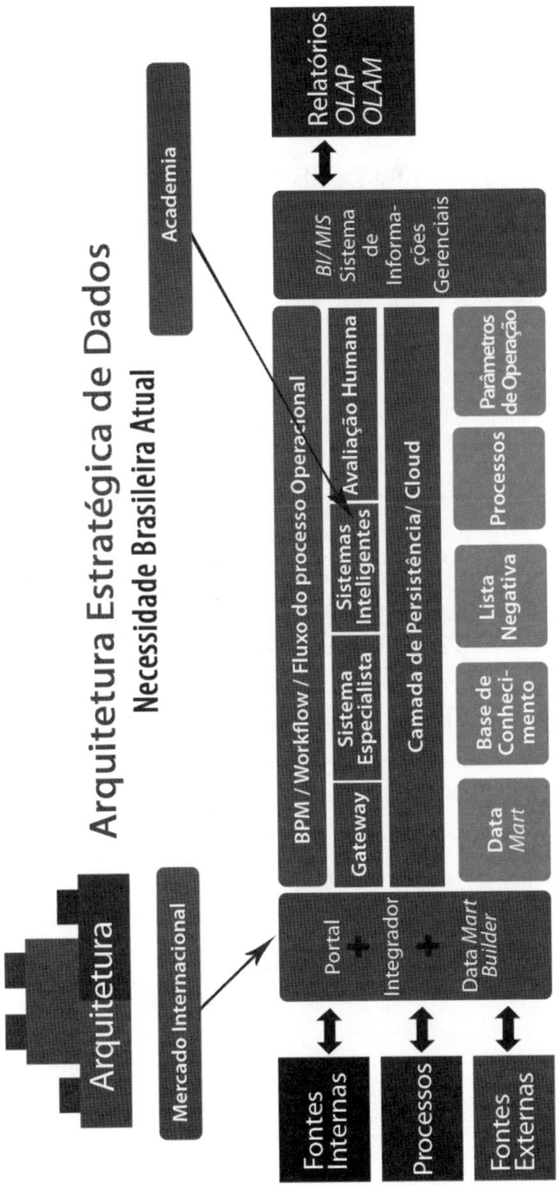

Fonte: adaptação da apresentação do professor Paulo Adeodato (CIn/UFPE). Tech Day; Cesar. 14 nov. 2015.

A dimensão da governança da internet das coisas e das pessoas

O Brasil vem passando, há pouco mais de duas décadas, por uma experiência positiva de governança da internet tradicional. O Comitê Gestor da Internet no Brasil (CGI.br), criado em 1995,[18] é uma experiência de notável sucesso do que posteriormente se convencionou chamar de *modelo da hélice tripla*. Tal modelo, desenvolvido por Henry Etzkowitz e Loet Leydesdorff, descreve a inovação tecnológica e o desenvolvimento econômico a partir de uma relação íntima entre a universidade (geradora de conhecimento científico e tecnológico), empresas (setor produtivo de bens e serviços) e governo (setor regulador e fomentador da atividade econômica).

No caso brasileiro, a internet se desenvolveu a partir da experiência dos laboratórios de ciência da computação de algumas de nossas principais universidades e, por intermédio de lideranças dessa área, moveu-se para uma efetiva colaboração com instituições de ciência e tecnologia dos governos federal e estaduais, movimento que também contou com a participação da iniciativa privada nacional.

O processo evolutivo da internet veio a ser consagrado internacionalmente na *espiral Meira-Campos*, apresentada pela primeira vez pelos professores Silvio Meira e Ivan Moura Campos, então membros do primeiro CGI.br (figura 11). Tal espiral se notabilizou por configurar um modelo para que fosse possível observar como a internet original poderia evoluir para uma fase 2, ou seja, de banda larga.

O surgimento da internet no Brasil possibilitou discussões sobre o que se chamou à época de *sociedade da informação*.[19] Para enfrentar o desafio da multiplicidade de temas envolvidos no desenvolvimento dessa sociedade da informação, um modelo de referência (figura 12) foi estabelecido logo durante os primeiros anos da internet. O modelo

---

[18] Ver: <http://bit.ly/poetasit-04>. Acesso em: 30 abr. 2016.

[19] TAKAHASHI, Tadao (Org.). *Sociedade da informação no Brasil*: livro verde. Brasília: MCT, 2000.

partia da premissa de que qualquer implementação de tecnologias de informação e comunicação (TICs) na forma de um sistema poderia ser decomposta em três níveis: infraestrutura, serviços e aplicações. Esses três níveis compõem as camadas horizontais de uma matriz de referência. As colunas verticais da matriz identificam enfoques ou aspectos específicos a serem considerados.

FIGURA 11 | ESPIRAL MEIRA-CAMPOS

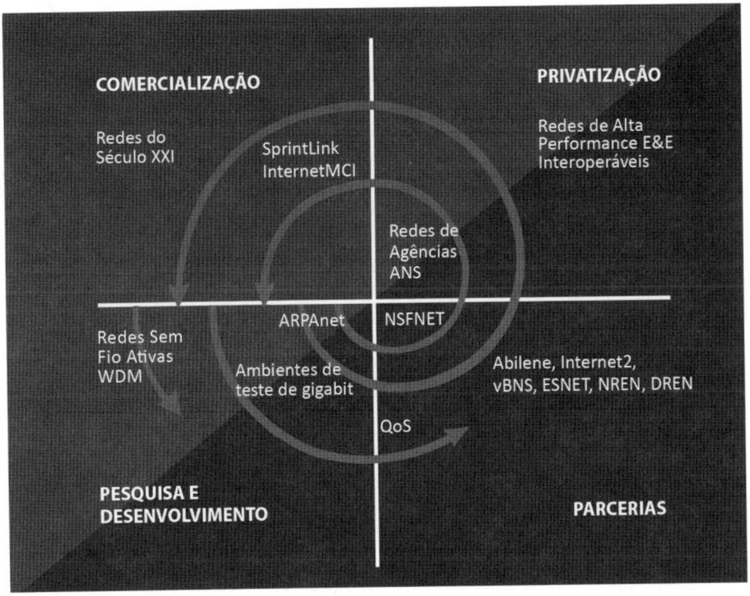

Fonte: Internet 2, UCLA.

Passados mais de 20 anos da implantação dessa experiência, que teve como elemento central um modelo específico de governança (em vez de governo), é possível argumentar que se trata de uma *herança que não se pode perder* no desenho futuro de políticas públicas para a IoT no país.

Ainda mais, a dimensão de *governança* de políticas públicas para a internet das coisas deve levar em conta a ampla experiência brasileira no assunto, a prática, as instituições relevantes e, ao mesmo tempo, estudar os erros que foram cometidos e como eles podem ser evitados nessa nova rodada da rede, pois os modelos prescritivos de comportamento que são embutidos em legislação, políticas e padrões nacionais não têm feito com que o país se destaque na produção de bens e serviços de classe e mercado global.

FIGURA 12 | MODELO DE REFERÊNCIA PARA DISCUSSÃO

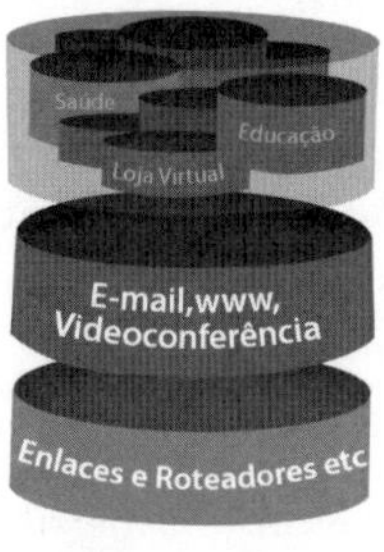

	P&D	Estado- da-arte em tecnologias	Mercado	Aspectos Regulatórios
Aplicações	Agenda Internet2/NGI	Educação a distância baseada em *WeB*	Comércio Eletrônico	MJ (BR) OMPI
Serviços Genéricos	QoS Multicost	vBNS	Videoconferência	Comitê Gestor Internet (BR) ICANN
Infra-estrutura	Constelações de Satélites de Baixa Órbita	DWDM, B-CDMA, LMDS Gbit Ethernet	Redes Físicas	FCC (US) Anatel (BR) Oftel (UK)

Fonte: SocInfo.

Reflexão sobre as competências necessárias ao desenvolvimento da IoT no Brasil

Inovação é uma atividade econômica de difícil definição e de ainda mais complexa medição. Mas ninguém discute sua importância. Governos e iniciativa privada se esforçam, em termos de recursos e iniciativas, para tornar o ambiente de negócio mais inovador. Um dos elementos de ativação da inovação, presentes em diversas economias, são os institutos ou centros de inovação. Financiados pela iniciativa privada, ou pelo governo, ou por um misto de governo e iniciativa privada, eles existem para fazer a ligação entre problemas existentes no mercado e novos conhecimentos, desenvolvidos em centros de pesquisa como as universidades.

No Brasil, os centros de inovação, comumente chamados de ICT, ou ICTP (institutos de ciência e tecnologia, privados), são as âncoras de ecossistemas de conhecimento e o principal destino da maioria dos recursos de fomento à inovação. A relevância do recurso empregado nos institutos para a economia e o aumento de competitividade do país é, no entanto, largamente discutível. As diferentes formas de interação e de entrega dos ICT(P) para as empresas tornam impraticável a medição precisa da importância desse elemento para a inovação (acrescente-se o fato de que o retorno da inovação acontece no futuro).

Desse modo, argumentamos que os ICT(P)s se relacionam com o mercado em níveis de complexidade de negócios e, consequentemente, em relevância para a economia, de quatro formas/níveis diferentes (figura 13, adiante). Cada nível do modelo descreve o grau de maturidade e relevância de retorno do ICT(P) em termos de inovação para a economia: (1) recursos, (2) capacidades, (3) soluções e (4) empreendimentos (aqui assumidos como negócios inovadores, e não necessariamente novas empresas). O entendimento desses níveis é também fundamental para este trabalho, uma vez que o perfil, a densidade ocupacional e a remuneração média dos profissionais envolvidos nas atividades desses centros são função direta desses níveis de maturidade.

No nível *recursos* (nível mais básico na hierarquia do modelo), as ofertas são matérias-primas cruas. No segmento de TICs, por exemplo, o recurso essencial é gente, recurso ofertado/vendido em termos de "homem-hora". Em geral, quem vende não tem como preocupação central qual será o destino do que está vendendo, ou qual a utilidade que o comprador dará ao que está comprando. A venda, em si, não exige nenhuma necessidade de compreensão do que o cliente quer. O que importa é o que se tem para vender, e o recurso geralmente é ofertado em quantidade, e com determinadas características, com nenhuma ou pouca relação com o negócio em que o cliente está. A concorrência, nesse caso, é certa (estamos falando de *commodities*), o preço é definido pelo mercado, e descontos por volume são comuns. O preço é o principal fator de diferenciação em relação à concorrência. A equipe de vendas é formada por pessoas com pouca ou nenhuma especialização e sem conhecimento do setor.

No nível *capacidades*, os recursos genéricos (disponíveis no nível anterior) são agrupados em formas específicas (a partir de competências e habilidades). É o minério de ferro que se tornou parafuso, o cimento que se transformou em forma de laje pré-moldada, o homem-hora em formato de grupo, com experiência em algumas técnicas ou conhecedor de certas tecnologias. A utilidade nesse nível não é tão genérica quanto no nível anterior, e as unidades centrais já não atendem mais a qualquer um, pois o mercado é mais estreito. O conhecimento do negócio do cliente ainda é pouco relevante, afinal ele é quem vai decidir o que fazer com tais capacidades. O preço ainda é definido pelo mercado, no entanto a percepção de qualidade se torna mais importante (é o que diferencia uma oferta daquela do concorrente). A equipe de vendas é formada por pessoas conhecedoras das tecnologias e de utilidades de cada capacidade.

A mudança de fato ocorre quando se está no nível *soluções*, a começar pelo pessoal de vendas, que tem de atuar muito mais como consultor do que como mero vendedor. É o final dos tempos para "retirada de pedido". No nível soluções, recursos e capacidades são considerados irrelevantes. São partes da rubrica "como fazemos", e não do item "do que dispomos". A oferta surge como resposta às perguntas: qual o problema que o cliente tem ou precisa resolver? Em que negócio ele está? Em que setor ele atua? Quem são seus concorrentes (e não quais são os nossos)? E aonde ele (cliente) quer chegar? O foco de atendimento do cliente sai da gerência média para o *chief executive officer* (CEO) ou executivo principal, ou para a diretoria de negócios ou marketing. A criatividade é um imperativo; preço e margem passam a ser função do potencial de retorno que a solução pode trazer.

A evolução natural do nível *soluções* é o nível *empreendimentos*, ou de negócios inovadores. Aqui, o provedor de serviços participa do resultado junto com o cliente. E corre riscos também. Tudo muda. O ciclo de negócios é muito mais longo, pois depende de um convencimento, ou do estabelecimento de uma sociedade, ou de uma nova empresa, ou de contratos para exploração comercial e pagamento de *royalties*. A equipe de vendas é formada por outras pessoas de perfil mais sofisticado ou de perfil diferenciado. São pessoas que veem no longo prazo um retorno maior e melhor do que no curto prazo, e que entendem que quem empreende depende de todos (e daí trabalham articulações). Metas e indicadores de desempenho precisam ser repensados. *Margem* já não é o termo adequado para alguma medição de resultado, mas sim *retorno do investimento* (*return on investment* — ROI) ou *taxa interna de retorno* (TIR), talvez. O resultado é uma projeção e pode, muitas vezes, ser totalmente diferente do projetado.

Assim, no modelo de quatro níveis aqui indicado, os conteúdos relativos aos níveis hierárquicos de outras cadeias produtivas podem assumir papéis distintos daqueles característicos de um centro privado de inovação em TICs. A título de exemplo, na área de saúde, é plausível propor que os recursos disponíveis sejam gente (como no caso de TICs), mas também equipamentos médicos essenciais, como estetoscópios (ou robôs, nos casos mais sofisticados) e medicamentos; as capacidades nessa área podem ser representadas por laboratórios que desempenham determinados tipos de exames especializados; soluções podem ser as possibilidades de realizar determinados tipos de cirurgias e, finalmente, negócios inovadores podem vir a ser desenvolvimentos de novas técnicas de tratamento, ou unidades robóticas para apoio a procedimentos superespecializados.

FIGURA 13 | MODELO DE QUATRO NÍVEIS DE COMPETÊNCIAS

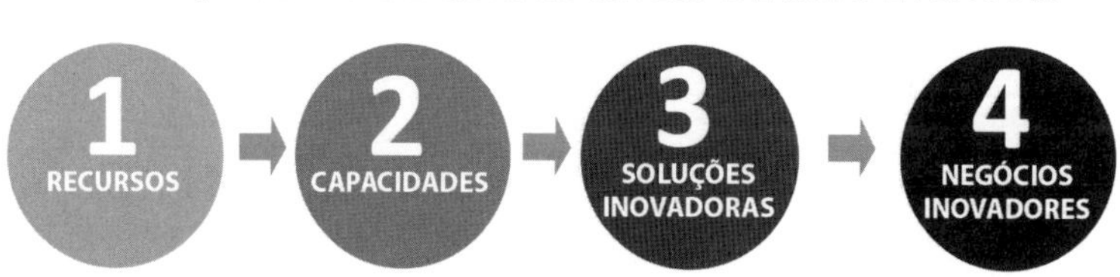

Fonte: Centro de Estudos e Sistemas Avançados do Recife (Cesar).

Para atender a essa cadeia de competências e construir uma base sólida para uma política de IoT, é necessário repensar e investir em modelos mais integrados de conhecimento, desde o nível básico (recursos) até o estágio mais avançado de criação de negócios inovadores.

Não existe um *player* que forneça soluções completas de ponto a ponto. Há empresas que fornecem a infraestrutura para a *cloud*; outras, para sistemas embarcados, e assim por diante. Conectar coisas envolve tarefas complexas, por exemplo: hardware com sensores e atuadores, conectividade sem fio, embarcar o hardware em algo físico, diferentes protocolos de comunicação, transmissão de dados, armazenamento de dados em nuvem, desenvolvimento de aplicações que acessam os dados e controlam os dispositivos, entre outros (figura 14).

FIGURA 14 | EXEMPLO DE ARQUITETURA PARA IOT

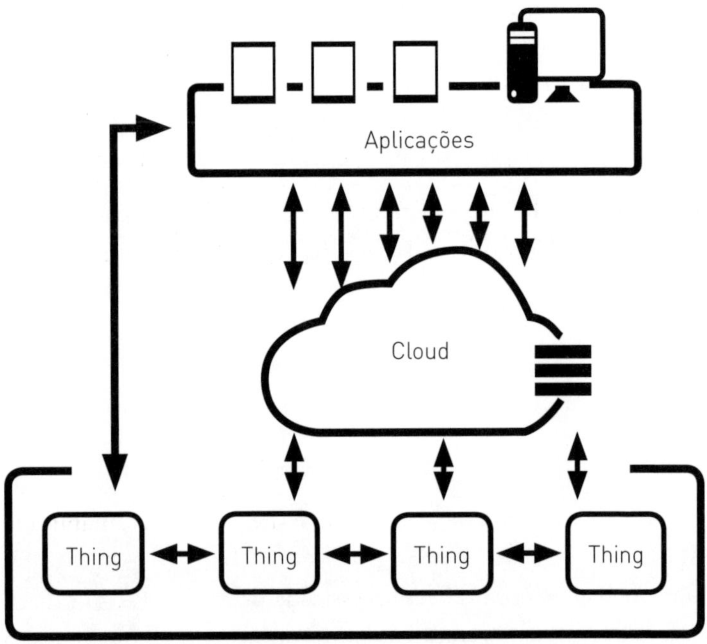

Fonte: <http://knot.cesar.org.br>. Acesso em: 30 abr. 2017.

Numa *primeira análise*, o desenvolvimento de uma solução de IoT envolve conhecimento e habilidades em temas multidisciplinares; por isso, integra diversas áreas de ciência da computação, engenharia da computação, engenharia eletrônica, design de artefatos, entre outras. Nesse sentido, um dos desafios é formar o profissional com o perfil completo para trabalhar com IoT que saiba como realizar projetos de sistemas embarcados, projetos de circuito eletrônico, conheça diversos protocolos de comunicação, *cloud computing*, sistemas operacionais, inteligência artificial, *big data*, análise de dados, aplicações móveis, desenvolvimento web.

No modelo ideal, o profissional precisa conhecer as diversas etapas do ciclo de vida de uma solução completa de IoT, desde o desenvolvimento de uma aplicação móvel ou web que consuma os dados armazenados numa *cloud* até o projeto do sistema embarcado que irá capturar informações dos objetos físicos com sensores e atuadores. Isso implica um leque de conhecimento que transcende aquele adquirido num único curso de graduação.

Além dos conhecimentos básicos mencionados, há um *segundo nível de conhecimento*, que passa pela customização e pelo uso de plataformas, como o Fiware (www.fiware.org), ou de metaplataformas, como o KNoT (Network of Things: http://knot.cesar.org.br), visto que isso melhora a interoperabilidade entre as plataformas existentes e facilita o desenvolvimento das soluções.

Um *terceiro patamar de competência* engloba questões menos tecnológicas, porém de igual importância quando se está em busca de soluções inovadoras, a exemplo de disciplinas relacionadas à experiência do usuário (*user experience* — UX), que abrangem técnicas de prototipação e avaliação de artefatos e design de interação aplicado à IoT.

Por fim, *no quarto nível*, há necessidade de capacitação em disciplinas sobre inovação e geração de novos negócios, de forma que seja possível estimular inovação e crescimento econômico das cidades na criação das soluções.

Além dos quatro níveis de competência citados, é importante destacar que uma política completa de formação deve envolver tanto o *profissional do setor de TIC*, que busca aprofundar-se em tópicos na área de desenvolvimento de soluções que utilizam a tecnologia de IoT, quanto os *gestores públicos*, especialmente os de municípios, sobre o que são cidades inteligentes e como a internet das coisas pode ajudar na melhoria e no aumento de eficiência da cidade; sobre como obter recursos e contratar soluções em IoT para a cidade em diferentes verticais, como *energia, água e saneamento, segurança pública* e *mobilidade urbana*.

Ainda nesse cenário da gestão pública, considerando que o custo de uma solução completa de IoT pode ser alto, é necessário conhecer as alternativas e realizar um planejamento mais efetivo e transparente para os investimentos. Isso engloba questões como: "Quais soluções devem ser adotadas?"; "Como melhorar o investimento do dinheiro público?"; "Como buscar alternativas na obtenção de recursos em um cenário de restrição orçamentária?"; "Quais tecnologias são adequadas para minha cidade?"; "Como saber o que licitar?"; "Como elaborar termos de referência?"; "Quais são os aspectos legais relacionados à privacidade e à segurança de dados?".

Uma política nacional de internet das coisas, como qualquer outra, sobretudo se e quando indústria e serviços serão combinados, terá de tratar esses quatro níveis de competências. Desde problemas básicos de formação de capital humano nas universidades, nas escolas técnicas, no ensino médio (introdução de linguagens de programação no currículo) até a cadeia de problemas associada à criação de negócios inovadores, passando pelo desenvolvimento de capacidades e soluções inovadoras, em escalas nacional e global, em volume e qualidade de mundo, para que o Brasil tenha chances no mercado global, terão de ser tratados para, depois, serem elementos essenciais de uma política nacional para a internet das coisas.

Visão estratégica para a IoT no Brasil

Como observado no item anterior, o Brasil passou recentemente por altos e baixos econômicos. Na economia, períodos de declínio e mudanças estruturais caminham juntos. Durante ciclos de forte crescimento, empresas estabelecidas utilizando tecnologias provadas são bem-sucedidas, e o custo de oportunidade de mudar para novas tecnologias pode ser alto. Uma recessão, em contraste, é uma janela de oportunidade para novas ideias que, por seu turno, têm o potencial de guiar a recuperação.

Como apontam Nordås e Kim, algumas das maiores empresas do mundo nasceram durante recessões. São exemplos Hewlett-Packard, General Motors, Microsoft, CNN e McDonald's. A crise financeira e subsequentes recessões não são exceção. De acordo com alguns observadores, uma nova revolução industrial, em que *produtos e serviços são integrados*, em que o produto e uma infraestrutura de informação que o suporta introduz a noção de *produtos intensivos* em serviços, está adquirindo o potencial de preencher os *gaps* deixados por empresas e mercados abalados pela crise.[20]

As mudanças estruturais em curso no mundo têm sido reconhecidas como sendo *the second unbundling* (a segunda desagregação). Para explicar a *segunda desagregação*, Nordås e Kim relembram o que foi a *primeira desagregação*.[21] Ela começou na primeira revolução industrial, foi atrasada durante as duas guerras mundiais e ganhou força novamente a partir dos anos 1960. Durante esses períodos, tarifas e custos de transporte caíram substancialmente. Como resultado, a produção se tornou mais geograficamente dispersa e um empurrão no comércio relativo ao PIB foi assegurado. De partida, *especialização*, de acordo com o conceito de vantagem comparativa, foi a maior força guia. À medida que os custos do comércio baixaram ainda mais, os consumidores se tornaram mais ricos e mais sofisticados, e o comércio intraindústria entre os países com dotes de recursos e níveis de renda similares impulsionou ainda mais a taxa de comércio relativa ao PIB.

---

[20] Hildegunn Kyvik Nordås e Yunhee Kim, "The role of services for competitiveness in manufacturing", op. cit.

[21] Ibid.

O comércio intraindústria pode ser tanto horizontal quanto vertical. O primeiro caracteriza a troca de diferentes marcas do mesmo produto, para benefício dos consumidores, que têm mais variedades para escolher. Além disso, os consumidores são desejosos de pagar mais por marcas que correspondam às suas preferências e ao seu desejo de se distinguir da multidão. Portanto, diferenciação de produto e de marca é fonte de ganhos maiores para produtores e caminha junto com o crescimento do conteúdo de *serviços* da manufatura.

Enquanto o rápido declínio dos custos de transporte e do comércio guiou a primeira desagregação, uma forte redução nos custos de coordenação tornou possível a segunda desagregação. Ela começou nos anos 1980 seguindo os avanços nas TICs, que permitiram fatiar a produção em diferentes etapas ou funções que se tornaram dispersas geográfica e organizacionalmente. O comércio intraindústria vertical de produtos e serviços ganhou proeminência como resultado, caracterizando a terceirização internacional de partes e componentes, e, mais recentemente, serviços.

Aquilo a que estamos assistindo hoje é tanto um *unbundling* (desagregação) quanto um *rebundling* (reagrupamento) de atividades ao longo da cadeia de valor. Exemplos de novos modos de *bundling* (agregar), produtos e serviços são manufaturadores sem fábricas em indústrias tais como vestuário e artigos de esporte (e.g., Nike) e eletrônicos (e.g., Apple e IBM). Em indústrias mais pesadas, nas quais a fabricação permanece a principal fonte de competitividade, serviços são adicionados como uma ferramenta de customização. Manufaturadores de máquinas e equipamentos, por exemplo, reinventam-se como sistemas de provedores oferecendo monitoramento de desempenho, manutenção e reparo de máquinas que eles vendem ou alugam (e.g., engenhos para aviões, máquinas de reprografia, máquinas de café). Ou seja, a parte dos serviços do sistema é tipicamente o mais importante do ponto de vista estratégico, distinguindo a empresa de seus competidores, e o veículo por meio do qual ela se engaja com consumidores em relacionamentos contratuais.

Esses desenvolvimentos têm mudado radicalmente o modo como a produção está sendo organizada no mundo contemporâneo. Cadeias de valor se alastram além das fronteiras internacionais como nunca visto antes, *unbundling* (desagregando) e *rebundling* (reagrupando) atividades em novas maneiras. Um leque de serviços desempenha um crescente papel tanto na adição de valor para a manufatura de produtos quanto na coordenação global das cadeias de valor.

Por essa razão, as restrições ao comércio de serviços, bem como as regulações das fronteiras do setor de serviços, têm chamado a atenção dos industriais e para um revivido interesse dos negócios nas operações do comércio de serviços. Em adição, o *bundling* (agregação) de produtos e serviços muda a relação entre fornecedores e consumidores de transações de mercado *arms-length* (em pé de igualdade) para contratos de longo prazo, levantando novas questões sobre a relação entre o comércio e a política de competição.

Em resumo, estamos diante de um contexto econômico no qual o setor de *serviços* da economia desempenha um papel cada vez mais estratégico para o desenvolvimento das empresas, dos outros segmentos da economia (marcadamente da indústria), dos consumidores e das nações. Estamos, especialmente no caso da IoT, diante de um cenário em que *serviços* são indissociáveis de *produtos*, até porque a própria noção de uma *coisa*, no sentido dessa proposta, envolve um *nível de serviço* embutido na mesma e outros, ao redor dela, para fazê-la funcionar *em rede* e *em conjunto* com outras coisas, pessoas, organizações e sistemas.

Queremos enfatizar que nossa visão é a de que uma política nacional para a internet das coisas deve, obrigatoriamente, tratar os setores de serviços e indústria de uma nova forma, interpenetrada como nunca antes. A informatização e a conexão das coisas, muito provavelmente, mudarão de vez o que entendemos por *produto*, e esse entendimento deverá ser profundamente pesquisado e analisado, de forma a criar um escopo inovador para *produtos intensivos* em *serviços*, numa política que venha a ser derivada desse esforço.

Até aqui, apresentamos as principais políticas públicas de impacto econômico (sobretudo políticas industriais) que foram desenvolvidas nos anos recentes no Brasil. A partir do destaque ao papel estratégico que o setor de serviços desempenha hoje nas economias que se sofisticam, apontou-se que tais políticas não contemplaram esse setor de serviços. Em segundo lugar, apresentou-se um modelo interpretativo (a trindade essencial) sobre como pode ser entendido, do ponto de vista da economia organizacional, uma nova indústria de alta tecnologia, como é a do fenômeno da internet das coisas. Finalmente, neste item, é apresentada uma *visão estratégica para a IoT no Brasil* consentânea com uma *visão estratégica de desenvolvimento do Brasil*, e não puramente para a IoT, especificamente.

Essa "visão estratégica" parte da premissa de que o desenvolvimento do Brasil não pode estar dissociado do desenvolvimento de seu setor de serviços. Como já destacado, a agenda dos serviços está ganhando relevância em razão de sua crescente importância para explicar o desempenho das empresas, o tipo de participação dos países nas cadeias globais de valor e o crescimento sustentado. O principal canal de transmissão entre a indústria e os serviços são as mudanças que ocorrem na natureza dos bens manufaturados, que estão se combinando com os serviços por meio de uma relação cada vez mais sinérgica e simbólica para formar um terceiro produto, que nem é um bem industrial tradicional, nem um serviço convencional.

Assim, considera-se que:

- os serviços já são parcela crescente do valor adicionado dos bens manufaturados, e a crescente complementaridade entre a indústria e os serviços para criar e agregar valor requer que ambas as atividades sejam competitivas para que elas possam se beneficiar uma da outra;
- os serviços não têm sido contemplados nas políticas de desenvolvimento econômico recente (especialmente quando se observa a registrada ênfase em políticas públicas industriais);
- setores de alta tecnologia como os da IoT embutem um complexo elenco de tecnologias, padrões, processos, regras e modelos de negócios que, no limite, se caracterizam por serviços tecnológicos.

FIGURA 15 | A VISÃO ESTRATÉGICA DA IOT NO BRASIL

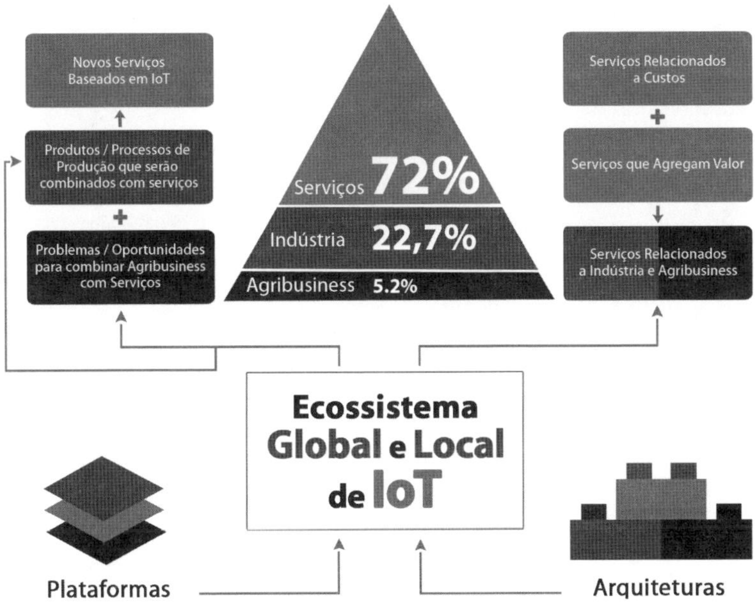

Fonte: Centro de Estudos e Sistemas Avançados do Recife (Cesar)/Poetas.IT.

Essa visão parte do princípio de que o setor de serviços da economia brasileira representa mais de 70% do valor adicionado no país (precisamente 72% do PIB nacional), como pode ser visto na tabela 1 (na próxima página), e que ele pode e deve ser desenvolvido a partir da IoT, com desdobramentos importantes para o restante da economia.

Em segundo lugar, o setor de serviços na economia é dividido em dois segmentos: os serviços relacionados a custos e os serviços que contribuem para agregar valor. Nesse sentido, a estratégia nacional vislumbrada nessa visão é a de que o *ecossistema de IoT* (composto por seus atores globais e nacionais) possa desenvolver no território nacional, a partir de seus principais serviços, *plataformas globais* de produtos e serviços que tenham sólidas *arquiteturas* de negócios, como preconizado no conceito de *trindade essencial* aqui defendido.

TABELA 1 | PARTICIPAÇÃO PERCENTUAL DAS CLASSES E RESPECTIVAS ATIVIDADES NO VALOR ADICIONADO NO BRASIL (2000-2015)

Especificações	2000	2001	2002	2003	2004	2005	2006	2007	2008	2009	2010	2011	2012	2013	2014	2015
Agropecuária	5,5	5,6	6,4	7,2	6,7	5,5	5,1	5,2	5,4	5,2	4,8	5,1	4,9	5,3	5,2	5,2
Indústria	26,7	26,6	26,4	27,0	28,6	28,5	27,7	27,1	27,3	25,6	27,4	27,2	26,1	24,9	24,0	22,7
Indústria extrativa	1,4	1,6	2,0	2,2	2,5	3,1	3,5	3,0	3,8	2,2	3,3	4,4	4,5	4,2	3,8	2,1
Indústria de transformação	15,3	15,4	14,5	16,9	17,8	17,4	16,6	16,6	16,5	15,3	15,0	13,9	12,6	12,3	11,7	11,4
Prod. e distrib. de eletricidade, gás, água, esgoto e limp. urb.	3,1	3,3	3,4	3,3	3,5	3,4	3,2	3,0	2,6	2,7	2,8	2,7	2,5	2,0	1,9	2,8
Construção	7,0	6,3	6,5	4,6	4,9	4,6	4,3	4,6	4,4	5,4	6,3	6,3	6,5	6,4	6,6	6,4
Serviços	67,7	67,8	67,2	65,8	64,7	66,0	67,2	67,7	67,3	69,2	67,8	67,7	69,0	69,8	70,8	72,0
Comércio	8,1	8,3	7,7	9,5	9,9	10,8	11,2	11,7	12,3	12,7	12,6	12,9	13,4	13,5	13,0	12,3
Transporte, armazenagem e correio	3,7	3,6	3,7	3,4	3,5	3,5	3,4	3,7	4,0	3,8	4,3	4,4	4,5	4,5	4,4	4,2
Serviços de informação	4,3	4,6	4,3	4,1	4,5	4,6	4,3	4,4	4,4	4,3	3,8	3,7	3,6	3,5	3,4	3,2
Intermed. financeira, seguros, prev. complem. e serv. rel.	6,8	7,1	7,9	7,4	6,5	7,1	7,2	7,3	6,5	6,6	6,8	6,4	6,2	5,9	6,5	7,6
Atividades imobiliárias	12,2	11,4	10,7	9,9	9,5	9,3	8,9	8,8	8,4	8,7	8,3	8,4	8,9	9,3	9,5	9,9
Outros serviços	16,9	16,2	16,4	15,4	15,1	14,8	15,8	15,5	15,2	16,0	15,7	15,9	16,4	16,7	17,0	17,1
Adm., saúde e educação públicas e seguridade social	15,7	16,4	16,5	16,0	15,6	16,0	16,3	16,3	16,5	17,1	16,3	16,1	16,0	16,4	17,0	17,7
Valor adicionado a preços básicos	100,0	100,0	100,0	100,0	100,0	100,0	100,0	100,0	100,0	100,0	100,0	100,0	100,0	100,0	100,0	100,0
Impostos sobre produtos	16,3	17,4	17,2	16,8	17,8	17,8	17,6	17,3	18,4	17,0	17,7	17,6	17,6	17,1	16,6	16,8
PIB a preços de mercado	116,3	117,4	117,2	116,8	117,8	117,8	117,6	117,3	118,4	117,0	117,7	117,6	117,6	117,1	116,6	116,8

Fonte: IBGE, Diretoria de Pesquisas, Coordenação de Contas Nacionais.
(1) Resultados calculados a partir das Contas Nacionais Trimestrais.

Em síntese, o que este texto propõe é uma estratégia nacional de IoT baseada em três pilares:

1) consolidar um *ecossistema* de IoT no país que possa desenvolver *plataformas* de produtos e serviços globais no território nacional e que estejam assentadas em sólidas *arquiteturas* de padrões, tecnologias e negócios;
2) direcionar o foco da atenção, dos programas, planos e projetos desse ecossistema de IoT para a combinação do setor de indústria com o *setor de serviços* da economia brasileira, identificando oportunidades e superando gargalos nos serviços habilitados por produtos que se relacionam à indústria, à agropecuária e, retroativamente, ao próprio setor de serviços;
3) criar condições para que os novos negócios gerados pelo novo ecossistema de IoT no Brasil, por um movimento de *trickle-down* a partir dos *serviços*, aumentem a produtividade de todos os setores da economia.

Enfoques para a elaboração de políticas públicas e direções para a concretização dessa visão estratégica

A definição estratégica que apresentamos indica uma orientação metodológica para a seleção da vertical de serviços para a elaboração de políticas públicas para a IoT no Brasil. A elaboração de boas políticas públicas deveria ainda analisar a vertical sugerida por meio de lentes transversais, às quais damos o nome de *horizontais*. Mantemos, nessa visão, as horizontais apontadas na chamada pública BNDES/FEP Prospecção nº 1/2016, adicionando o impacto social: assuntos regulatórios; padrões/interoperabilidade; privacidade/segurança; papel do Estado; financiamento; inovação e recursos humanos (mapeamento das competências/centros de demonstração/empreendedorismo/incentivos fiscais para inovação); normatização e certificações; inserção internacional — apoio a exportações/cooperação internacional. A seguir, discutimos em detalhes as horizontais.

Assuntos regulatórios

Os benefícios da existência de dispositivos inteligentes interconectados, ensejando uma interação eficiente entre máquinas e humanos, são abundantes. No âmbito imobiliário e habitacional, aparelhos conectados a aplicativos de smartphones permitem, por exemplo, abrir e fechar janelas, ligar chuveiros, destrancar portas e autorregular a temperatura, além de propiciar maior segurança e autonomia para indivíduos na terceira idade. No campo da saúde, será viável o monitoramento constante e eficiente e uma interação mais eficaz entre paciente e médico, além de possibilitar o controle e a prevenção de epidemias.

Se consideradas individualmente, as informações geradas pelos dispositivos e plataformas online podem parecer exclusivamente positivas. No entanto, os dados oriundos desses dispositivos interconectados podem oferecer riscos a direitos fundamentais dos usuários, como privacidade e segurança. Os riscos se agravam pelo fato de que o ecossistema regulatório brasileiro precisa ajustar-se rapidamente a esse cenário em transformação. Não há ainda uma regulação específica adequada na área de proteção de dados pessoais e privacidade no Brasil, e as propostas em discussão foram desenhadas para um cenário no qual a IoT ainda não era realidade. Esse fato cria uma janela de oportunidade: é possível aprovar leis que protejam os direitos individuais e favoreçam a inovação.

O eixo horizontal de pesquisa referente aos assuntos regulatórios teria como objetivo definir um modelo para o cenário de IoT pela perspectiva da proteção dos direitos constitucionais dos usuários e em harmonia com as políticas de inovação e desenvolvimento. Para isso, seria necessário mapear, por meio de pesquisa documental e de campo, em âmbito nacional e internacional, modelos regulatórios aplicáveis para construir as bases de soluções nacionais que garantam a segurança e a privacidade em cada um dos eixos verticais mapeados. Na fase de aplicação da análise regulatória voltada para as verticais específicas, uma mesma abordagem poderá ser aplicável a mais de uma vertical. Porém, a análise deve ser feita com base nos dados específicos de cada vertical em questão.

Padrões/interoperabilidade

Em um mercado do tamanho do projetado para a internet das coisas, a interoperabilidade entre produtos e sistemas exerce um papel de extrema relevância, especialmente para os três principais participantes desse contexto: os usuários, os desenvolvedores de soluções e os fabricantes de equipamentos.

Os fabricantes de equipamentos largam sempre na frente antevendo os cenários que estão a se desenhar. Desde o início desta década, os principais fabricantes iniciaram uma corrida para a definição dos padrões de IoT para diversas verticais, apostando na interoperabilidade *post facto*, ou seja, quando conseguem dominar determinado mercado ignorando qualquer iniciativa de padronização. Apesar disso, seguindo o legado do mercado de celulares, os fabricantes se uniram em alianças para fomentar a definição de padrões abertos e estratégias de interoperabilidade para satisfazer as necessidades dos desenvolvedores de soluções. Ainda assim, horizontais pouco exploradas como *low-power wide area network* (LPWAN) continuam dominadas por padrões proprietários.

Os desenvolvedores de soluções, por sua vez, tornaram-se os principais líderes do movimento de padronização de protocolos e tecnologias de IoT. Seguindo o modelo do mercado de celulares, o ecossistema de desenvolvedores é observado com muito cuidado pelos fabricantes porque eles determinam o sucesso da adoção de determinadas tecnologias ou padrões. Eles são os maiores interessados em (poucos, de preferência um) padrões abertos, porque o custo de desenvolvimento de soluções é multiplicado pela quantidade de padrões ou plataformas que precisam ser suportadas. Por isso, as alianças são normalmente compostas por grandes *players*, desenvolvedores e fabricantes.

Os usuários, por sua vez, são os últimos elementos da cadeia de valor da IoT porque são eles que efetivamente consomem a maior parte dos produtos e, eventualmente, ficam presos a determinados fabricantes por ausência de compatibilidade entre os produtos. Cenários como esse já foram vistos no mercado nascente de IoT, como o que aconteceu no início de 2016, quando a Nest, uma empresa do Google, decidiu descontinuar o popular produto de IoT doméstico chamado Revolv, abandonando seus usuários, já que que não há substitutos compatíveis com o produto descontinuado.

A quase totalidade desses problemas poderá ser mitigada quando forem adotados padrões abertos que determinem interfaces de operação claras e permitam real interoperabilidade entre produtos e serviços. Isso satisfaz as necessidades dos usuários, que podem ter a opção de substituição de produtos de fabricantes diversos, reduz o risco e o custo para os desenvolvedores de soluções e estimula a qualidade e a concorrência entre fabricantes de equipamentos, garantindo a expansão de seus mercados.

O objetivo da horizontal de *interoperabilidade* é, portanto, recomendar um conjunto de padrões abertos, preferencialmente baseados nos cinco princípios defendidos pelo OpenStand Principles — movimento criado e endossado pelas entidades que definiram os pilares da internet tradicional (W3C, IETF e IEEE). O processo de análise dos padrões e necessidades deve utilizar pesquisas documentais e entrevistas semiestruturadas com os grupos de usuários de cada vertical, especialistas de empresas desenvolvedoras de soluções e especialistas dos fabricantes de equipamentos.

Privacidade/segurança

Uma das promessas da implementação da IoT é oferecer maior eficácia tanto no combate à criminalidade quanto na capacidade de prever, prevenir e responder a situações de emergência ou ameaças à ordem pública. No caso das epidemias, por exemplo, a rápida coleta e análise de dados se faz particularmente relevante. Já com relação à manutenção da ordem pública, dados coletados por câmeras e a partir de dispositivos pessoais dos cidadãos têm sido utilizados para fins de vigilância e monitoramento territorial em situações de grande circulação de pessoas nas cidades, como os megaeventos,[22] sensores podem reforçar a segurança em edifícios públicos ou privados e a geolocalização pode ajudar a monitorar a dinâmica de certos fenômenos naturais para operações de prevenção e resgate.[23]

As discussões sobre segurança pública, por sua própria natureza, concentram importantes preocupações quanto a um dos principais desafios técnicos e regulatórios que a emergente realidade da IoT precisará enfrentar: o equilíbrio entre a ampliação da inovação, a busca da ordem pública e a preservação da privacidade. Com efeito, é no contexto de debates sobre segurança que emergem importantes questionamentos quanto a abusos e restrições indevidas à privacidade dos cidadãos.[24]

Com a evolução da tecnologia e a possibilidade da coleta e processamento de grandes volumes de dados, a tensão entre segurança e privacidade alcançou novas dimensões. Tanto internacional quanto nacionalmente, o assunto muitas vezes é abordado de forma polarizada e mutuamente excludente: o incremento da privacidade enfraqueceria os esforços de segurança, e vice-versa. Essa perspectiva foi batizada de

---

22 CARDOSO, Bruno de Vasconcelos. Megaeventos esportivos e modernização tecnológica: planos e discursos sobre o legado em segurança pública. *Horizontes Antropológicos*, Porto Alegre, ano 19, v. 40, p. 119-148, jul./dez. 2013.

23 BORGIA, Eleonora. The internet of things vision: key features, applications and open issues. *Computer Communications*, n. 54, p. 1-31, 2014.

24 BARTOLI, Andrea et al. On the ineffectiveness of today's privacy regulations for secure smart city networks. In: IEEE INTERNATIONAL CONFERENCE ON SMART GRID COMMUNICATIONS (SmartGridComm), III., 5-8 nov. 2012, Tainan City. *Proceedings*... Barcelona: CTTC, 2012.

a falácia do tudo ou nada e provocaria uma distorção nos debates sobre o tema.[25]

Nesse cenário, para evitar a perspectiva falaciosa do tudo ou nada e sua influência sobre o próprio processo de elaboração de políticas públicas, é necessário realizar pesquisas para compreender os modelos regulatórios que têm se desenvolvido para subsidiar a evolução da IoT. A pesquisa no âmbito do eixo horizontal *privacidade e segurança* deverá ser baseada em um mapeamento compreensivo e uma análise das iniciativas comparadas, contextualizando-os no panorama regulatório brasileiro. Essa análise deve ter por base estudos das seguintes dimensões: (1) análise da dimensão legal (políticas para a IoT, boas práticas, instrumentos regulatórios em vigência, práticas contratuais, lacunas regulatórias e outros pontos relevantes) e propostas regulatórias para fazer frente a necessidades nacionais específicas; (2) análise da dimensão de governança (boas práticas, de transparência, participação e abertura nos processos decisórios referentes às políticas adotadas) e propostas de modelos de governança participativa.

Papel do Estado

Um dos aspectos salientes do sucesso da internet tradicional, a internet das pessoas (IoP) no mundo, e no Brasil em particular, é o fato de que o Estado teve, e ainda tem, apenas um papel indutor em seu desenvolvimento. O que contribuiu para o que é hoje a IoP é sua estrutura de governança. Na estrutura da IoP são característicos os papéis centrais de entidades não governamentais, como a Corporação da Internet para Atribuição de Nomes e Números (ICANN). A sustentação técnica e a padronização dos protocolos de núcleo (IPv4 e IPv6) são atividades do Internet Engineering Task Force (IETF), uma organização sem fins

[25] SOLOVE, Daniel J. *Nothing to hide*: the false trade-off between privacy and security. New Haven: Yale University Press, 2011.

lucrativos de participantes internacionais vagamente filiados — qualquer pessoa pode se associar, colaborando com a perícia técnica.

No Brasil, o papel exercido pelo CGI.br foi fundamental para o desenvolvimento da IoP no território nacional, e esse mesmo comitê vem oferecendo, ao longo de seus 21 anos de existência, uma contribuição valiosa no asseguramento de padrões e serviços compatíveis com a IoP mundial.

Como já apontado, espera-se que a IoT assuma a experiência da IoP no território nacional, uma herança bastante positiva como exemplo de um papel desejável do Estado no domínio da internet das coisas.

A escolha feita para os serviços agregadores de valor para definir as verticais do estudo traz em si um desafio metodológico de partida. Como já foi visto que há uma escassez quase absoluta de políticas públicas nacionais concentradas nos serviços, uma pesquisa documental e de campo de experiências internacionais de intervenção (em quaisquer níveis) do Estado na questão da IoT deve ser implementada.

Isso não significa que não se deva aproveitar, evidentemente, tudo o que se puder extrair da experiência brasileira em matérias correlatas. O papel do Estado na implementação da internet brasileira, por exemplo, em que foi fundamental a participação pioneira do CNPq (uma política pública, portanto) no incentivo aos serviços de pesquisa de desenvolvimento sobre a internet nas universidades nos idos dos anos 1990, deverá merecer um estudo aprofundado.

O que se pode esperar como resultado da investigação de aprofundamento das verticais na perspectiva da horizontal *papel do Estado*, portanto, é que consigamos sistematizar as experiências internacionais existentes e nos apropriar da experiência brasileira de forma produtiva.

Financiamento

O tratamento da questão da horizontal *financiamento*, em função da economia organizacional envolvida, deve ser entendido a partir de uma combinação de duas vertentes: uma de alocação de recursos via mercado (aqui assumindo o sistema de preços) e outra de alocação de recursos via participação do Estado (aqui assumindo tributação quando for devida, regulação onde for necessária, e assim por diante).

Por outro lado, é importante aproveitar também, no estudo dessa horizontal, a experiência brasileira com a IoP que resultou na "espiral Meira-Campos" (ver seção "A dimensão da governança da internet das coisas e das pessoas" e figura 11, p. 156-157) para verificar o papel do financiamento público nos quadrantes em que se inscreve a espiral da IoT brasileira a ser modelada.

Inovação e recursos humanos

Segundo a companhia Gartner, a adição da IoT à já impactante trindade composta por *analytics*, *big data* e redes sociais deverá habilitar um novo tipo de negócio em rede: os negócios digitais, empreendimentos que não só utilizam a internet, como apenas fazem sentido a partir dela e que, ao mesmo tempo, conectam o mundo virtual e o mundo físico numa trama de relações comerciais que prevê até operações de compra e venda entre dois objetos sem a intervenção humana.[26]

A escolha da horizontal *inovação e recursos humanos* parte da necessidade de quantificar e entender quais os potenciais das tecnologias relacionadas à IoT que têm de impactar as diversas verticais por meio de soluções de valor único, além de compreender as capacidades e necessidades do capital humano necessário para gerar inovação nas áreas estudadas.

A pesquisa na horizontal *inovação e RH* deve ter como base as diretrizes e metodologias propostas no *Manual de Oslo*, publicação da OCDE que tem como objetivo orientar e padronizar conceitos, metodologias e construção de estatísticas e indicadores de pesquisa de P&D de países industrializados.

---

[26] Ver: <www.gartner.com/technology/>. Acesso em: 30 abr. 2016.

A partir do manual, e adicionando outras fontes metodológicas, devem ser realizadas entrevistas semiestruturadas para aprofundar a compreensão dos potenciais de inovação, capacidades e necessidades de capital humano referentes à IoT, tanto nas empresas produtoras de soluções quanto no público-alvo, a saber, representantes das diversas verticais. Assim, a pesquisa deve ter como objetivo identificar, buscando nas duas pontas, entre outras questões, quais os potenciais para inovação, seus gargalos, qual o estado atual do capital humano na área de IoT no Brasil e quais as necessidades futuras de capacitação para atender ao mercado.

Normatização e certificações

Observa-se na literatura pesquisada a oportunidade de crescimento e de investigação em diversos aspectos, no cenário das *smart cities* brasileiras, mais especificamente de IoT. O desenvolvimento de metodologia, construída com rigor científico, permite o avanço de um modelo, aplicável aos diferentes perfis e tamanhos das cidades do país, que forneça fundamentos para uma evolução gradativa em práticas na gestão pública, possibilitando determinar níveis de inteligência, conforme a realidade de cada cidade, de maneira contínua, visando à geração de valor público para a sociedade e que esteja em conformidade e seja complementar aos esforços já existentes nessa área.

A escolha da horizontal *normatização e certificações* parte da necessidade de criar um índice brasileiro para classificar iniciativas de implantação e desenvolvimento de projetos baseados em IoT, bem como um selo certificador, como base nas normas ISO 37.120 e 37.121. Tal índice deve levar em consideração os seguintes aspectos:

- governança e prestação de serviços mais eficientes;
- referências e metas internacionais;
- referência e planejamento local;
- tomada de decisões informadas pelos gestores públicos;
- aprendizagem entre cidades;

- alavancagem de financiamento e reconhecimento de entidades internacionais;
- alavancagem de financiamento para cidades com níveis superiores de governo;
- estrutura para o planejamento de sustentabilidade;
- transparência e dados abertos para atração de investimentos.

Existe uma quantidade considerável de referências técnicas (normas, modelos, guias, *frameworks*, metodologias, padrões) consagradas e reconhecidas internacionalmente, que podem servir de base para iniciativas e projetos das organizações por apresentarem boas práticas consolidadas em suas respectivas áreas de abrangência. As normas se diferenciam nesse conjunto de referências técnicas, pois exigem cumprimento em determinada organização, podendo ter seus processos e práticas certificados, se for o caso. Possuem e difundem um conjunto de boas práticas testadas e consolidadas em sua respectiva área de abrangência. Por outro lado, as demais categorias de referências buscam aprimoramento e desenvolvimento de uma dada organização, mostrando-se como múltiplos caminhos a serem seguidos. Os modelos de referência são úteis, por exemplo, quando interpretados de modo adequado e acompanhados por um método de avaliação que possibilite a emissão de um laudo ou relatório de avaliação formal e informal.

Assim, a pesquisa na horizontal *normatização e certificações* deverá ter como objetivo definir e validar uma metodologia de avaliação de padrão de IoT pela perspectiva de valor público, composta por um modelo de referência e um método de avaliação aplicável à realidade brasileira.

Inserção internacional

A globalização é uma das *megatrends* que há mais tempo vêm atuando e moldando nosso mundo. Em termos de impacto, trata-se de fenômeno ainda incipiente e com crescimento presumível exponencial, em função da crescente digitalização e do aumento do tráfego de dados mundial. Adrian Wooldridge, da revista *The Economist*, falando da tendência em 2009, afirmava que estamos só no início da globalização. "Neste momento", explicava, "apenas 4% do comércio é fora das fronteiras, 3% das marcas são globais e apenas 20% do tráfego da internet é internacional, mas o rebalanceamento global é uma força poderosa — e ainda temos muito caminho para percorrer."[27] A globalização, até recentemente, era algo muito sutil. Hoje, essa sutileza acabou e a aceleração do processo é inegável e inevitável.

Ao longo dos últimos 10 anos, o tráfego de dados global cresceu de praticamente zero até bilhões de *gigabytes* por segundo, lançados à nuvem de todo o planeta. O intercâmbio de dados entre regiões já alcança cerca de um terço do tráfego total mundial. Dados e informação, hoje, geram mais valor econômico que o comércio internacional de bens, segundo relatório da McKinsey apresentado em 2015.

Estima-se que em torno de 900 milhões de pessoas mantenham conexões internacionais via redes sociais e que 360 milhões participem do *e-commerce* internacional. Plataformas digitais tanto para o emprego tradicional quanto para os contratos de *freelancer* estão começando a criar um mercado de trabalho mais globalizado e flexível. A oportunidade gerada por essa tendência é única e pode (e deve) ser aproveitada pelo Brasil, adaptada à sua realidade.

A explosão da expansão do conhecimento é imensa e vai levar ao desenvolvimento aqueles segmentos de mercado, indústrias e países que melhor entenderem e aproveitarem a oportunidade para criar o futuro. O impacto e a aceleração dessa força globalizadora devem gerar um potencial de crescimento enorme, com infinitas oportunidades de intercâmbio de dados sobre inovação e avanços tecnológicos e gerenciais.

O Brasil já tem mostrado sua relevância no contexto internacional de inovação e empreendedorismo. Uma pesquisa da Global Entrepreneurship Monitor (GEM), realizada em 2011, já apontava o Brasil com potência nesse segmento. Entre os 54 países analisados pela pesquisa, o Brasil ficou atrás apenas da China e dos EUA, com 27 milhões

---

27 Ver: <poetas.it.cesar.org.br/index.php/Enfoques_para_elaboração_de_políticas_públicas_e_direções_para_concretização_desta_visão_estratégica>. Acesso em: 5 dez. 2017.

de pessoas envolvidas, ou em processo de criação de negócios próprios (empresas, *startups* etc.).

Baseado nesse dado e em outras fontes de pesquisa e análises, observamos no Brasil um grande potencial de gerar inovação. Não apenas seguindo os padrões internacionais de qualidade, mas criando tendências nesse segmento.

Acreditamos que, para o Brasil realmente ganhar notoriedade e consolidar sua importância, não podemos meramente replicar conceitos já estudados e desenvolvidos por outras potências. É necessário olhar e se inspirar no exterior, mas fazer isso de forma genuinamente brasileira, com o viés que cria e encanta o mundo, de um país habituado a sempre se reinventar e buscar os melhores caminhos a fim de superar os obstáculos.

Impacto social

Ao propormos a quantificação do "impacto social", buscamos uma profunda imersão no cotidiano brasileiro para entender as peculiaridades que a IoT pode significar no horizonte cultural do país. Ao passo que muitos protocolos utilizados nos sistemas de IoT são internacionais, seu uso necessita compreender desdobramentos domésticos nos mais diversos cenários do Brasil.

Nesse novo horizonte que é expandido a cada dia, a perspectiva das *digital humanities* de Lev Manovich serve como bússola para entender as apropriações dos usuários/interagentes nos diferentes tipos de tecnologias. Esse olhar deriva de projetos como Selfie City, que utiliza rotinas automatizadas para compreender emoções e sentimentos presentes em imagens. Metodologias híbridas como essa já foram adotadas, com êxito, em teses de doutorado e dissertações de mestrado defendidas na PUC-RS, uma das universidades integrantes do consórcio Políticas e Estratégias para Tecnologias, Aplicações e Serviços para a Internet de Tudo (Poetas.IT). Cabe ressaltar que pesquisas híbridas não tornam discussões tradicionais obsoletas, mas permitem atualizar rotinas de investigação para contextos em constante transformação.

No Brasil, as pesquisas no segmento utilizam muitas vezes o *framework* da teoria ator-rede (TAR),[28] porém esse viés ressalta o papel dos objetos nos contextos, o contrário do que este estudo busca para determinar políticas tão importantes e com impacto determinante no porvir tecnológico do país.

Além de estudo de casos de adoções de tecnologias de IoT no cotidiano, é necessário realizar entrevistas em profundidade com especialistas que possam colaborar em aspectos amplos na assimilação do problema. Esses profissionais, oriundos de instituições como o Massachusetts Institute of Technology (MIT) e a University of Central Lancashire (UCLan), conduzem pesquisas relativas ao tema. A UCLan, por exemplo, atualmente desenvolve políticas de uso de drones no Reino Unido e também capacita empresas de comunicação europeias para o uso dessa tecnologia e de sistemas baseados em Arduino e IoT.

Cabe salientar que membros do Poetas.IT já atuaram em debates internacionais sobre o assunto nos últimos anos, com destacada participação em eventos como a II Conferência Regional de Datos Abiertos en America Latina y el Caribe, ressaltando a necessidade da devida compreensão das particularidades do Brasil no desenvolvimento da IoT. Isso resultou de convite do CGI.br, o que destaca o reconhecimento das universidades envolvidas nesse trabalho.

Para compreender esse impacto, observações etnográficas permitirão entender realidades sociais e seus comportamentos, sobretudo responsáveis por desdobramentos sociais, em debates horizontais ou verticais. Dessa forma, no contexto da cibercultura, do social permeado pelo digital, a política de IoT do Brasil resultará de um diálogo entre especialistas. Essa metodologia híbrida nos dará uma visão de contexto de usos que explicam melhor a relevância dos potenciais desdobramentos de aplicações da IoT nos lares brasileiros.

Portanto, o "impacto social" poderá ser aferido pelo conjunto desses parâmetros de dados, que, por serem sociais, são intangíveis, mas

---

[28] LEMOS, André. *A comunicação das coisas*: teoria ator-rede e cibercultura. São Paulo: Annablume, 2013.

não menos mensuráveis. O esforço de pesquisa deverá ir além da consolidação de dados brutos e interpretar perspectivas a fim de preparar os cidadãos brasileiros para esse novo cenário. Compreender o Brasil e como a tecnologia impacta a sociabilidade permite não apenas determinar políticas eficientes, mas garantir que sejam ferramentas de empoderamento digital.

Considerações finais

Os incentivos que vêm sendo concedidos há décadas para desenvolver capital humano, tecnologias, processos e métodos, competências em geral no setor de tecnologias da informação e em redes, em particular, no Brasil, não têm criado os negócios que se esperavam de uma das 10 principais economias do mundo e um dos 10 maiores mercados de TICs do planeta.

Depois de mais de 20 anos de internet comercial, o Brasil não produziu sequer *uma* empresa de classe global no mercado em rede, quer intrinsecamente de rede, quer intensiva em rede, para produzir seus resultados. Uma política brasileira para a internet das coisas tem de fazer uma análise aprofundada desse problema e descobrir se há como, por que meios e a que custo mudar tal cenário.

Mesmo do ponto de vista de uso, e mesmo com o sucesso dos arranjos de *governança* que temos, a política de internet das pessoas (e instituições) não deu os resultados esperados — o Brasil está perto do centésimo lugar, entre os países do mundo, nos índices de velocidade e qualidade de rede, de prontidão digital, de complexidade de sua economia digital.

Um estudo e a proposição de políticas para a internet das coisas, e de tudo, precisam analisar, de maneira crítica e profunda, as causas dessas anomalias e suas consequências, e como elas poderiam vir a ser mitigadas em futuras políticas nacionais, inclusive nesta, das coisas.

Referências

ALHA, Kati et al. Free-to-play games: professionals' perspectives. *Nordic DiGRA*, 2014. Disponível em: <www.digra.org/wp-content/uploads/digital-library/nordicdigra2014_submission_8.pdf>. Acesso em: 31 mar. 2017.

ARBACHE, Jorge. *Serviços e competitividade industrial no Brasil*. Brasília: CNI, 2014.

BARTOLI, Andrea et al. On the ineffectiveness of today's privacy regulations for secure smart city networks. In: IEEE INTERNATIONAL CONFERENCE ON SMART GRID COMMUNICATIONS (SmartGridComm), III., 5-8 nov. 2012, Tainan City. *Proceedings*... Barcelona: CTTC, 2012.

BORGIA, Eleonora. The internet of things vision: key features, applications and open issues. *Computer Communications*, n. 54, p. 1-31, 2014.

CARDOSO, Bruno de Vasconcelos. Megaeventos esportivos e modernização tecnológica: planos e discursos sobre o legado em segurança pública. *Horizontes Antropológicos*, Porto Alegre, ano 19, v. 40, p. 119-148, jul./dez. 2013.

CAVALCANTI, José Carlos. *The essential trinity in high-tech industries: ecosystem + platform + architecture*. VIII Research Workshop on Institutions and Organizations. RWIO Center for Organization Studies — CORS. São Paulo, 2013.

_____. *Effects of IT on enterprise architecture, governance and grow*. IGI-Global, 2015. Disponível em: <http://bit.ly/1yFR0zr>. Acesso em: 30 abr. 2016.

DIJKMAN, Remco M. et al. Business models for the internet of things. *International Journal of Information Management*, Eindhoven, p. 672-678, dez. 2015.

JACOBIDES, Michael G. The architecture and design of organizational capabilities. *Industrial and Corporate Change*, v. 15, n. 1, fev. 2006.

KUPFER, David. Dez anos de política industrial. *Valor Econômico*, 8 jul. 2013.

LEMOS, André. *A comunicação das coisas*: teoria ator-rede e cibercultura. São Paulo: Annablume, 2013.

MANOVICH, Lev. *Software takes command*. Nova York: Bloomsbury Academic, 2013.

NORDÅS, Hildegunn Kyvik; KIM, Yunhee. The role of services for competitiveness in manufacturing. *OECD Trade Policy Papers*, n. 148, p. 4, 2013. Disponível em: <http://dx.doi.org/10.1787/5k484xb7cx6b-en>. Acesso em: 29 mar. 2017.

PORTER, Michael; HEPPELMANN, James. How smart connected products are transforming competition. *Harvard Business Review*, nov. 2014. Disponível em: <https://hbr.org/2014/11/how-smart-connected-products-are-transforming-competition>. Acesso em: 31 mar. 2017.

ROSE, Karen; ELDRIDGE, Scott; CHAPIN, Lyman. The internet of things: an overview — understanding the issues and challenges of a more connected world. *The Internet Society*, out. 2015, p. 1; 4. Disponível em: <www.internetsociety.org/sites/default/files/ISOC-IoT-Overview-20151022.pdf>. Acesso em: 30 mar. 2017.

SOLOVE, Daniel J. *Nothing to hide*: the false trade-off between privacy and security. New Haven: Yale University Press, 2011.

TAKAHASHI, Tadao (Org.). *Sociedade da informação no Brasil*: livro verde. Brasília: MCT, 2000.

TEE, Richard; GAWER, Annabelle. Industry architecture as a determinant of successful platform strategies: a case study of the i-mode mobile internet service. *European Management Review*, v. 6, n. 4, p. 217-232, 2009.

Posfácio
A internet das coisas e as perguntas fundamentais que ninguém está fazendo

*Luca Belli**

A internet das coisas (IoT) é um fenômeno destinado a mudar nosso futuro. Historicamente, na maioria das mudanças com esse potencial e esse tamanho, poucos são os atores que conseguem guiar as transformações e muitos são aqueles interessados nas consequências.

Para não se tornar vítima da interconexão dos objetos que serão produzidos e comercializados — ou que já estejam sendo produzidos e comercializados —, cada indivíduo é chamado a interessar-se pelo assunto e participar de um debate público que parece mais do que nunca necessário. Assim, cabe propor algumas perguntas essenciais para orientar uma reflexão saudável, visando compreender qual tipo de futuro queremos construir.

A primeira pergunta, em toda a sua simplicidade, é tão essencial quanto ausente da discussão: quem vai ganhar graças à IoT? A pergunta não se refere exclusivamente ao vulgar dinheiro; visa, também, explorar qual interesse será considerado prioridade ao longo do desenvolvimento e da implementação da IoT.

A IoT está sendo guiada pelo setor privado e, particularmente, pelas empresas de tecnologia que, até agora, gozaram de uma importante

* PhD, pesquisador sênior, *head of Internet Governance*, Centro de Tecnologia e Sociedade da Fundação Getulio Vargas (FGV Direito Rio/CTS). Membro fundador do MyData.org.

vantagem que outras indústrias não têm: a admiração, a confiança e os sentimentos favoráveis do público, que geralmente considera essas empresas inovadoras e "disruptoras", capazes de determinar um impacto positivo na sociedade, estimulando o progresso.

Assim, usualmente a IoT é apresentada como uma oportunidade, suscetível de aumentar a produtividade e a inovação, estimulando novos modelos de negócio. Todavia, cabe destacar que a produtividade, a inovação e a geração de novos negócios estão sendo lideradas por um grupo muito restrito de multinacionais, ávidas por dados pessoais e, em geral, muito mais favoráveis à otimização fiscal do que à preservação dos empregos potencialmente eliminados para a IoT.

A segunda pergunta, que pode surgir por consequência, é: como serão protegidos os dados pessoais coletados pelos bilhões de sensores incorporados nos objetos conectados? Certamente, a exploração de tais dados vai permitir a emergência de diversos novos modelos de negócios. Os dados pessoais coletados no âmbito da IoT gerarão enorme riqueza, e é exatamente por essa razão que as principais empresas de tecnologia estão investindo somas consideráveis de dinheiro para ganhar a corrida da IoT. Coletar, armazenar e processar os dados pessoais de cada pessoa que compre um objeto conectado, ou, talvez, que simplesmente se aproxime dos sensores de tal objeto, é, na verdade, um dos objetivos principais dos *players* da IoT.

Os dados pessoais serão coletados, armazenados e processados nos bancos de dados das empresas que desenvolvem os objetos, mas o atual sistema de proteção de dados pessoais não permite aos proprietários das coisas serem proprietários também de "seus" preciosos dados. Essa é uma das maiores falácias do atual sistema de proteção de dados pessoais.

Portanto, os dados geram, e continuarão gerando, enorme prosperidade para as entidades que os coletam e os processam, para os produtores das coisas conectadas e os fornecedores das *IoT solutions*, mas os indivíduos que produzem esses dados já não têm o menor controle sobre essa nova classe de ativos econômicos.

No cenário de IoT, seus dados serão coletados e processados — e talvez cada objeto que você comprar funcione somente após você ter manifestado seu consentimento para a coleta e o processamento. Não é absurdo pensar que o atual sistema, no qual a concordância com a coleta de seus dados é de fato o pagamento para o acesso aos serviços, será reproduzido no âmbito da IoT, tornando a anuência à coleta de dados a condição de uso das coisas conectadas.

Nesse sentido, a chegada da IoT tornará ainda mais evidente a necessidade do direito à portabilidade de dados, complementada por uma abordagem "usuário-cêntrica", como o MyData.org, que oferece aos indivíduos um sistema prático para acessar, obter e utilizar seus dados pessoais e controlar como eles podem ser explorados e para quem, de forma a maximizar os benefícios do indivíduo, promover a competição e minimizar a perda da privacidade.

Na ausência de portabilidade e proteção usuário-cêntrica, os indivíduos nunca serão empoderados; ao contrário, serão condenados a permanecer como *commodity* a ser explorada com o fim de gerar riqueza — ou seja, dados — *ad aeternum*.

Outra pergunta fundamental ligada à existência da IoT diz respeito à conectividade. Qual infraestrutura vai permitir o desenvolvimento da IoT de maneira universal? O art. 7º do Marco Civil da Internet (Lei nº 12.965/2014) estabelece que "o acesso à internet é essencial ao exercício da cidadania". Como pode exercer a cidadania e ter acesso às oportunidades supostamente trazidas pela IoT em termos de produtividade, empreendedorismo e inovação quem não tem acesso à internet?

A conectividade é uma condição *sine qua non* para realizar a IoT, mas a universalização do acesso à internet parece um objetivo ainda bem longe da realidade, como podem testemunhar os 4 bilhões de indivíduos não conectados no mundo, bem como quase 50% da população brasileira. Sem universalização da conectividade, a IoT corre o risco de não se realizar ou de aprofundar ainda mais as fraturas digitais existentes ou criar novas.

Outra consideração importante acerca da IoT refere-se ao debate sobre a neutralidade da rede. A discussão já é bem consolidada no Brasil e o princípio do tratamento não discriminatório de dados está protegido pelo arcabouço legislativo nacional, particularmente pelo art. 9º do Marco Civil da Internet e pelo capítulo II do Decreto nº 8.771/2016. O debate, porém, é suscetível de ressurgir com novos desdobramentos estimulados pela IoT.

O art. 9º estabelece que "o responsável pela transmissão, comutação ou roteamento tem o dever de tratar de forma isonômica quaisquer pacotes de dados, sem distinção por conteúdo, origem e destino, serviço, terminal ou aplicação". O artigo garante o tratamento isonômico dos pacotes de dados transmitidos para qualquer terminal, mas não considera a comunicação *machine-to-machine*. O que aconteceria, por exemplo, se uma empresa desenvolvesse carros conectados e sinais conectados e decidisse priorizar o trânsito de dados emitidos e recebidos pelos próprios carros e, por que não, priorizar também o trânsito dos próprios carros nas ruas organizadas pelos seus sinais? E o que aconteceria se o mesmo produtor de carros conectados decidisse também priorizar as informações dos próprios parceiros nos setores varejista ou hoteleiro? Isso seria compatível com a proibição "de priorização de pacotes de dados em razão de arranjos comerciais", definida pelo art. 9º, II, do Decreto nº 8.771/2016?

Enfim, qual estratégia de cibersegurança pode garantir que o desenvolvimento da IoT não torne os usuários de objetos conectados vulneráveis aos ataques cibernéticos que, sem dúvida, são destinados a se multiplicar exponencialmente no setor?

Essas perguntas e reflexões não põem em xeque os entusiastas da IoT nem desvalorizam a importância do fenômeno. Ao contrário, é essencial estimular o debate público para encontrar respostas satisfatórias, antes de colocarmos o carro conectado na frente dos bois.

Nesse sentido, a obra de Eduardo Magrani é não somente fundamental, como também de extremo interesse na medida em que, visando guiar as transformações mais recentes, nos fornece as bases de que precisamos para o desenvolvimento de uma tão necessária e urgente reflexão sobre a IoT.

Este livro foi impresso nas oficinas gráficas da Editora Vozes Ltda.,
Rua Frei Luís, 100 – Petrópolis, RJ.